AF462761

MARIE DANRÉ

Marie et Pauline Danré.

MARIE DANRÉ

OU LA

JEUNE POSTULANTE

DE

MARIE-RÉPARATRICE

PAR

M. L'ABBÉ POINDRON

Supérieur du Petit Séminaire de N.-D. de Liesse

4e ÉDITION REVUE ET AUGMENTÉE

DELHOMME ET BRIGUET, ÉDITEURS

PARIS
13, rue de l'Abbaye, 13

LYON
3, Avenue de l'Archevêché

1891

APPROBATION

DE MONSEIGNEUR L'ÉVÊQUE DE SOISSONS

ÉVÊCHÉ
de
SOISSONS

Soissons, le 13 décembre 1890.

Mon cher Supérieur,

Je verrai paraître avec joie une troisième édition de votre édifiante vie de *Marie Danré*. Tous la liront avec intérêt ; mais les jeunes filles surtout y trouveront le gracieux modèle d'une piété aussi simple que généreuse.

Je bénis de tout mon cœur l'auteur et son livre.

† JEAN BAPTISTE,
Évêque de Soissons et Laon.

Approbations de la première et de la deuxième éditions par Monseigneur Thibaudier, précédemment évêque de Soissons, maintenant archevêque de Cambrai.

ÉVÊCHÉ
de
SOISSONS

Soissons, le 1er novembre 1888.

Monsieur le Supérieur,

Je viens de lire avec édification votre notice sur *Marie Danré*. Je ne doute pas qu'elle n'édifie également ses futurs lecteurs. Puisse-t-elle profiter à un grand nombre!

Recevez, Monsieur le Supérieur, l'assurance de mes sentiments affectueux.

† ODON,

Évêque de Soissons et Laon.

Notre-Dame de Liesse, le 1er janvier 1889.

Monsieur le Supérieur,

Je vous félicite du succès de votre première édition, et je bénis de grand cœur la seconde.

† ODON,

Évêque de Soissons et Laon.

Extrait d'une lettre de Monseigneur l'Évêque de Beauvais à l'auteur.

ÉVÊCHÉ
de
BEAUVAIS
Noyon et Senlis

Beauvais, le 24 mars 1889.

Cher Monsieur le Supérieur,

Je n'ai pu jusqu'à ce jour vous remercier de votre intéressante notice sur *Marie Danré*..... J'ai voulu d'ailleurs la parcourir ; et j'en ai été littéralement enchanté, pour cette grande raison que la simplicité en fait tout le charme, et que c'est un modèle d'imitation à proposer à toutes les jeunes filles chrétiennes, surtout à celles à qui Dieu donne l'attrait de la vie religieuse. C'est le modèle de la sainteté *accessible*, *praticable*, de celle qui peuple les cieux, après tous ces grands saints à qui l'Église décerne des honneurs publics et des autels.

« Ce sont, dit Bossuet, ces choses simples ; faire « justice et miséricorde, accomplir le bien que Dieu

« veut, et souffrir les maux qu'il envoie ; ce sont ces « pratiques communes de la vie chrétienne que Jésus-« Christ louera au dernier jour devant les saints anges « et devant son Père céleste. Les histoires seront abo-« lies avec les empires, et il ne se parlera plus de tous « ces faits éclatants dont elles sont pleines... »

Recevez, Monsieur et très cher Supérieur, la nouvelle assurance de mon cordial attachement.

† Joseph Maxence,

Evêque de Beauvais, Noyon et Senlis.

Lettre d'un chanoine.

Cher Monsieur le Supérieur,

Je termine à l'instant la lecture de votre notice sur *Marie Danré*. Permettez-moi de vous féliciter d'avoir su élever, à un si haut degré de perfection, une âme qui semblait d'abord ne devoir suivre que le sentier ordinaire de la piété, et de vous remercier en même temps de nous avoir fait connaître cette jeune fille si pieuse, si pure, si mortifiée.

Ce petit livre, si intéressant, si bien écrit, si plein de l'esprit de Jésus-Christ, est appelé à faire beaucoup de bien : aux jeunes filles, dont Marie a été un si parfait modèle ; aux jeunes gens, à qui cette lecture inspirera l'amour de la plus belle des vertus ; aux prêtres, chez qui elle fera naître le désir d'être de plus en plus des adorateurs véritables et assidus de la sainte Eucharistie ; aux religieuses, à qui elle persuadera de plus en plus le mépris des joies de la terre et l'aspiration vers celles du paradis.

La lecture de la vie des saints canonisés par l'Église ne produit pas tout le bien qu'on pourrait en attendre ; car on se dit : « Ce sont des âmes prévenues dès le « berceau des grâces du ciel. Dès cet instant, Dieu « les a saisies, s'en est emparé. Leurs actions sont « trop parfaites, leurs austérités trop grandes, leurs « vertus trop élevées, leur union avec Dieu trop in« time, pour que nous puissions les imiter. »

La vie de Marie Danré a quelque chose de tout cela, et cependant on se dit : « Ce qu'elle a fait, je puis le

« faire aussi ; avec du courage et de la persévérance, « je puis reproduire ses actions... »

Lettre d'un curé.

Bien cher Père et Ami,

J'ai reçu ces jours derniers votre belle vie de Marie Danré. J'ai voulu la lire avant de vous en remercier... Cette vie est si touchante que j'ai plus d'une fois pleuré en la lisant, et que j'espère bien en tirer profit pour moi-même. Combien je bénis Dieu de vous avoir choisi pour faire connaître une des merveilles de sa grâce, et quel bien ce livre fera à un grand nombre d'âmes.!.. »

Lettre d'une enfant de Marie.

Monsieur le Supérieur,

Vous ne pouvez imaginer la joie que j'ai éprouvée en recevant le volume que vous avez eu la bienveillance de m'envoyer. J'ai cependant voulu en faire la lecture avant de vous en remercier. Je ne regrette pas ce retard, puisque maintenant je puis vous dire : « Ce livre m'a fait un bien réel. » Le contact avec une belle et grande âme comme celle de Marie Danré, élève et rassérène l'âme du lecteur. Du moins, il en a été ainsi pour moi. Je me sentais heureuse de me la figurer dans le ciel, priant pour moi, qui cherchais dans sa vie un nouvel élan vers le bien. Sans l'avoir connue ici-bas, je l'aime comme on aime tout ce qui porte l'empreinte de Dieu, je l'aime comme on aime tous ceux qui par leurs paroles ou leurs exemples vous ont rapproché de Lui.

Merci à vous, Monsieur le Supérieur, qui avez consacré votre temps à recueillir pour les âmes ces souvenirs d'une vie si belle aux yeux de la foi... »

Une autre enfant de Marie, compagne d'enfance de notre jeune héroïne, nous écrit :

Monsieur et vénéré Père,

Je viens vous remercier du livre que vous m'avez envoyé : La vie de la jeune postulante de Marie réparatrice. Comme ce livre nous montre à chaque page la grandeur et les vertus de cette sainte âme, qui aspirait tant à remonter vers Dieu. Quel chagrin pour les parents de Marie et de Pauline d'être séparés de ces deux enfants bien-aimées ! Comme leur exil doit leur paraître long ! Mais aussi, quel immense bonheur d'avoir auprès de Dieu deux anges qui intercèdent continuellement pour eux ; car elles sont sans nul doute auprès de Lui.

Quelle foi vive avait notre chère Marie ! quel amour ardent pour le céleste Époux ! Et cependant, elle se trouve indigne de Lui, en comparaison des saintes âmes dont elle lit la vie ; elle demande à son Bien-aimé d'abaisser son orgueil, de lui faire la grâce d'être une toute petite sainte, ignorée de tous, ne vivant que pour

Lui seul ! Elle ne veut être qu'à Jésus, n'adorer et n'aimer que Lui !

Après cela, considérant ma faiblesse et ma pauvreté, combien ne dois-je pas me trouver lâche et infirme, moi, pauvre ver de terre, qui, comblée aussi des grâces les plus abondantes, me voir si froide, si misérable, et cependant si pétrie d'orgueil ! Ah ! comme en lisant cette vie toute d'abnégation et d'amour, je me sentais vile et méprisable, d'avoir si peu de reconnaissance pour les bienfaits de ce Dieu de toute bonté ! Priez pour moi, mon Père, priez, je vous en supplie, le Dieu de miséricorde, de répandre sur moi ses grâces ; que je devienne, comme le disait Marie, une toute petite sainte, ignorée de tous, ne vivant que pour Lui, n'aimant que Lui seul ! que doivent me paraître, en effet, tous les biens de la terre, sans le Bien-aimé ! tout cela passe, et n'est que poussière ! Qu'il est doux, au moment de paraître devant le juge suprême, de n'avoir aucune mauvaise action à se reprocher ! Quel bonheur inestimable de s'endormir dans les bras du céleste Fiancé ! Quelle joie pour notre bonne Mère du ciel de présenter notre âme à son divin Fils, en lui disant : « Voici une de mes filles, je l'ai conservée pure et in« tacte, comme vous me l'avez donnée. »

Pour moi, quelle que soit la vocation à laquelle Dieu m'appelle, que je n'aie en vue que la gloire de Jésus et de Jésus seul ! Je me recommande de nouveau à vos bonnes prières, ô mon Père ; vous qui m'avez toujours guidée dans la voie du bien, par vos bons conseils. Priez pour moi, afin que je ne les oublie jamais, au milieu de cette grande ville, où tant d'autres font naufrage! Priez pour qu'au milieu de tant de dangers, mon cœur et mon âme demeurent toujours purs. »

Qu'on nous permette d'ajouter un mot à cette lettre. C'est ainsi qu'écrit une jeune fille, qui n'a pas reçu d'autre éducation que celle des religieuses qui dirigent l'école de son village. Et nous n'avons rien changé à sa lettre. Si nous avons cédé au désir de la publier tout entière, ce n'est pas seulement pour recommander notre livre; c'est aussi et surtout pour glorifier ces modestes religieuses vouées par état à l'éducation de l'enfance et de la jeunesse. Est-ce parce qu'elles savent inspirer de tels sentiments aux enfants qui leur sont confiées, qu'on voudrait les déclarer indignes de remplir la plus sainte et la plus noble des missions après celle du sacerdoce ?

A NOTRE-DAME DE LIESSE

Vierge sainte, c'est à vous que je veux dédier ce modeste ouvrage. Je le dépose à vos pieds, comme un humble hommage de la respectueuse et filiale tendresse que, sous l'inspiration d'une pieuse mère, je vous ai vouée dès mon enfance. Daignez le bénir, ô Marie, afin qu'il augmente, dans l'âme de tous ceux qui le liront, l'amour de votre divin Fils Jésus-Christ et l'amour des vertus les plus chères à son cœur.

Permettez-moi de faire en même temps monter vers votre trône cette prière, empruntée à une âme sacerdotale que vous avez sans doute beaucoup aimée, puisqu'elle-même vous aimait si tendrement (l'abbé H. Perreyve). Outre qu'elle est comme le résumé fidèle des pages qui vont suivre, ne semble-t-elle pas composée tout exprès pour Notre-Dame de Liesse, pour Celle que l'Église appelle si justement « la Cause de notre joie ».

« Vierge sainte, au milieu de vos jours glo-
« rieux, n'oubliez pas les tristesses de la terre. —
« Jetez un regard de bonté sur ceux qui sont
« dans la souffrance, qui luttent contre les diffi-
« cultés, et qui ne cessent de tremper leurs
« lèvres aux amertumes de cette vie. — Ayez
« pitié de ceux qui s'aimaient et qui ont été sé-
« parés. — Ayez pitié de l'isolement du cœur ;
« ayez pitié de la faiblesse de notre foi ; ayez
« pitié des objets de notre tendresse. — Ayez
« pitié de ceux qui pleurent, de ceux qui prient,
« de ceux qui tremblent. Donnez à tous l'espé-
« rance et la paix. Ainsi soit-il. »

AVANT-PROPOS

La Semaine religieuse *du diocèse de Soissons publiait, il y a quelques années, une touchante notice sur une jeune fille de Saint-Gobain, Pauline Danré, pieusement décédée, le 8 mars 1885, à l'aurore de sa seizième année. Sa sœur aînée, Marie, qui l'avait précédée de deux ans dans la vie, restait seule pour la consolation de sa famille éplorée : elle vient de la suivre dans la tombe, ou plutôt au ciel, avant d'avoir atteint vingt et un ans. Saint Joseph avait appelé la première, au cours du mois qui lui est consacré ; c'est la sainte Vierge qui a appelé la seconde. Marie rendait son âme à Dieu le 3 mai 1888, jour de l'Invention de la sainte Croix.*

Nous avions voulu d'abord recueillir simplement, en quelques pages très courtes, comme on l'avait fait pour sa jeune sœur, quelques souvenirs de sa vie et de sa mort, et par là contribuer à adoucir un peu la douleur de ses pauvres parents, maintenant sans enfants ! Mais à peine nous étions-nous mis à l'œuvre, qu'il nous fut facile de voir qu'il y avait autre chose à faire. Les documents si intéressants remis entre nos mains, notamment le Journal *de Marie, écrit au jour le jour durant les quatre dernières années de sa vie, nous fournissaient une matière, on ne peut plus édifiante, beaucoup plus considérable que nous ne l'avions supposé, et bien propre à montrer une fois de plus quel est le prix d'une éducation vraiment chrétienne, à quelles hauteurs elle peut élever une âme. Nous avons cru qu'il n'en fallait rien laisser perdre, et notre rôle s'est presque borné à les transcrire.*

Nous offrons ces pages avec confiance aux âmes pieuses qui veulent aimer Notre-Seigneur, croître de plus en plus dans son amour ; aux âmes tièdes, qui se reprochent de ne pas l'aimer assez ; aux âmes inquiètes qui cherchent leur voie ; aux âmes qui se sentent appelées à la vie religieuse, et que certains obstacles retiennent malgré elles au milieu du monde ; aux âmes qui ont eu le bonheur de répondre à l'appel divin et qui ont mis entre elles et le monde la barrière du cloître. Nous les offrons encore à ces âmes frivoles, si nombreuses aujourd'hui, qui ne paraissent pas se douter des joies de la vertu, des douceurs que l'on goûte au service de Dieu. Nous les offrons, enfin, comme un encouragement précieux, aux malades, à ces jeunes malades surtout, que la mort s'apprête à moissonner au printemps de la vie ; et, comme une douce consolation, aux parents affligés qui pleurent des enfants disparus, qu'un Dieu jaloux a, dans des vues toutes de miséricorde et d'amour, enlevés à leur affection.

Voilà ce que nous écrivions, en publiant la première édition de ce petit ouvrage, à la date du 21 octobre 1888.

Quelques semaines s'étaient à peine écoulées, que contre toute attente, cette édition, tirée cependant à un nombre considérable d'exemplaires, était complètement épuisée, et qu'il nous arrivait encore de nombreuses demandes. D'autre part, tous ceux qui avaient lu ces pages nous assuraient qu'ils n'en avaient pas été moins attendris qu'édifiés, et qu'ils les croyaient propres à faire à beaucoup d'âmes un bien réel. Plusieurs même nous avouèrent qu'ils les avaient plus d'une fois arrosées de leurs larmes et qu'ils avaient éprouvé l'irrésistible besoin de les relire. On nous communiquait en même temps de nouveaux documents, non moins intéressants et édifiants que les premiers, qui nous permettaient de donner plus d'ampleur à notre récit, d'y ajouter les détails biographiques dont on avait regretté l'absence, de nous étendre notamment sur les rapports si touchants de Marie avec sa jeune sœur.

C'était plus qu'il ne fallait pour nous décider à publier une nouvelle édition, et nous l'avons offerte au lecteur, avec plus de confiance encore que la première, persuadé qu'elle serait encore plus favorablement accueillie.

Notre espoir n'a pas été trompé. La seconde édition, en effet, quoique tirée à un nombre double de la première, s'écoula presque aussi vite ; et ainsi près de trois mille exemplaires avaient été vendus en moins de deux années.

On nous engagea alors à en faire paraître une troisième, à laquelle on donnerait plus de corps qu'aux deux précédentes ; ce qui permettrait de l'offrir comme livre de prix, surtout dans les pensionnats de jeunes filles, pour lesquelles la lecture de ce petit ouvrage peut avoir plus d'intérêt. La voici ; et nous la présentons au public, le dirons-nous, avec une confiance croissante.

Quel temps d'ailleurs, indépendamment des raisons données plus haut, pourrait être mieux choisi que le nôtre pour publier un ouvrage de ce genre? Fut-il jamais plus opportun de montrer les fruits d'une éducation chrétienne, dont les germes, déposés dans l'âme d'une enfant au foyer domestique, ont été développés ensuite dans une maison religieuse, nous dirions aussi volontiers par des maîtresses laïques vraiment dignes d'une si sainte mission. Et, grâce à Dieu, en dépit des efforts sataniques d'une certaine secte, quoique le nombre de ces dernières tende à diminuer de jour en jour, elles ne manquent pas encore autour de nous.

Mettez en regard la jeune fille, dont vous allez parcourir la trop courte histoire, et une de ces jeunes filles élevées d'après les idées modernes, dans quelque lycée féminin, et dites à laquelle des deux vous donneriez la préférence. Puis, dans le cas où la première eût été appelée à suivre la voie commune et à associer sa vie à celle d'un jeune homme, dites, pères et mères, si bons juges en pareil cas et si intéressés à bien choisir, dites laquelle des deux vous donneriez plus volontiers pour épouse à votre fils.

Il faut, dit-on, harmoniser les pensées, les sentiments, les croyances de deux êtres appelés à vivre continuellement sous le même toit, à vivre de la même vie. Quoi de plus intime, en effet, quoi de plus indisso-

luble que l'union conjugale ! Mais, au lieu de déchristianiser la femme, pourquoi ne pas s'efforcer de christianiser celui qui doit avoir l'honneur de l'épouser ? Pourquoi ne plus vouloir, après dix-neuf siècles de christianisme, en cette terre classique de la foi, dans cette France si justement appelée la fille aînée de l'Église, pourquoi ne plus vouloir que des unions païennes ? Grand Dieu ! c'est le plus épouvantable des forfaits ; et si on venait à accomplir cet infernal projet, jamais la France n'aurait connu de plus grand malheur : ce serait à bref délai son irrémédiable ruine ! Aurait-elle plus de raison d'être dans le monde que n'importe quel autre peuple, si elle venait à apostasier la foi et à jeter aux orties la robe de son baptême ? Aurait-elle même jamais existé, cette noble nation des Francs, si le fondateur de sa monarchie, au lieu d'avoir eu pour épouse une sainte Clotilde, avait été unie à une femme païenne comme lui ? On peut en douter. N'est-ce pas sainte Clotilde, bien plus que Clovis lui-même, qui a gagné la bataille de Tolbiac ?

Ah ! laissez donc, vous qui êtes les pires ennemis de votre patrie, ainsi que de l'âme de vos frères, laissez donc aux pauvres hommes de ce temps, trop souvent infidèles au Dieu de leur première communion, laissez l'heureuse possibilité d'être ramenés à lui par une femme fidèle. Laissez-leur au moins cette planche de salut. Autrement, du fond de ces abîmes où vous les auriez précipités et où vous ne manqueriez pas d'aller les rejoindre, ces malheureuses victimes de votre impiété cruelle et lâche vous accableraient de leurs malédictions éternelles. Cherchez donc, dans un moment de calme et de silence, lorsque vos passions se reposent et se taisent, cherchez une raison quelconque qui puisse excuser votre crime devant Dieu et devant les hommes. Je vous jure, par tout ce qu'il y a de plus saint dans le ciel, et par tout ce qu'il y a sur cette terre de plus digne de vos respects, que vous mourrez avant de l'avoir trouvée.

Mais, nous nous sommes égaré. Evidemment, ceux à qui ces lignes s'adressent ne les liront pas ; nous ne les effacerons point cependant, ne serait-ce que pour communiquer aux âmes droites qui parcourront ces pages, l'indignation qui déborde de la nôtre. Oh! oui, jeunes filles et femmes chrétiennes, Dieu veuille que vous restiez toujours les anges du foyer domestique, les gardiennes de sa religion et de son honneur.

La mort est ordinairement l'écho de la vie. Une vie d'où la religion a été bannie devra, à moins d'une grâce qui tient du miracle, aboutir fatalement à une mort impie ; que l'impiété se traduise par le blasphème, ou bien par l'indifférence la plus complète à l'égard des conséquences qu'entraîne après elle une telle fin. Fut-il jamais un spectacle aussi navrant que celui d'une telle mort, et ne devrait-il pas suffire d'en avoir été une seule fois le témoin, pour en concevoir une insurmontable horreur ?

Nous venons convier le monde au spectacle d'une mort bien différente ; d'une mort préparée par de saints désirs, par des efforts généreux, par de longues souffrances patiemment endurées ; d'une sainte mort, en un mot, couronnant une sainte vie. Puisse ce spectacle faire naître dans le cœur de tous ceux qui en seront les témoins attendris, le désir qu'arrachait involontairement au Prophète la vue du peuple de Dieu alors fidèle au Seigneur : Puissé-je mourir moi-même de la mort des Justes ! Puisse ma dernière heure ressembler à la leur !

Un mot, en terminant, pour répondre à une question qui nous a été bien souvent adressée, depuis l'apparition de ce petit opuscule.

Personne n'a élevé le moindre doute au sujet des sentiments exprimés dans le Journal *de Marie ; ils sont bien ceux qu'a produits, sous l'influence de la grâce, le cœur de cette jeune fille d'élite : mais est-ce que le style charmant qui les exprime est aussi le sien? Nous pouvons affirmer que nous n'y avons rien changé. C'est elle-même qui parle, et, qui plus est, ce style si attrayant est le premier jet de sa plume. Marie lisait beaucoup et ne lisait guère de bons livres ;* elle n'en lisait que d'excellents. *Rien d'étonnant qu'elle ait appris à écrire, et à écrire si bien.*

Puissent ces pages, dédiées à Notre-Dame de Liesse et écrites sous son regard, porter dans toutes les âmes qui les liront, la résignation chrétienne, la paix des enfants de Dieu, et cette douce joie qui est comme l'avant-goût du ciel.

Notre-Dame de Liesse, le 25 décembre 1890, en la fête de Noël.

TH. POINDRON,

Supérieur du petit Séminaire de
Notre-Dame de Liesse,
ancien curé de Saint-Gobain.

I

LES PREMIÈRES ANNÉES

« *Adolescens juxta viam suam.* »

« Le jeune homme suivra sa pre-
« mière voie. »

(Prov., XXII, 6).

Les premières empreintes que reçoit l'âme de l'enfant ne s'effacent jamais. Heureux ceux que touche, dès le berceau, la main aussi pure que tendre et délicate d'une pieuse mère, et qui dorment entre ses bras, sur son cœur, leurs premiers, leurs plus doux sommeils! Deux fois heureux ceux qui, dès l'éveil de leur raison, apprennent, des lèvres de leur père en même temps que de celles de leur mère, à connaître et à aimer Dieu, l'Église, la vertu ! Tous les jours de leur pèlerinage terrestre, ils béniront la Providence de les avoir fait naître dans un de ces oasis, de plus en plus rares, hélas ! au désert de la vie : et durant toute l'éternité, les noms d'un père bien-aimé et d'une mère chérie se mêleront, dans leurs cantiques d'actions de grâces, à ceux du Sauveur et de sa divine Mère.

Marie Danré eut ce bonheur, et aujourd'hui elle a sans doute cette joie. Dieu lui fit la grâce inappréciable, source de tant d'autres grâces, de naître de parents profondément chrétiens, qui, pour cela même, ne nous pardonneraient pas de les louer.

Le cœur des mères, a-t-on dit, est pétri de tendresse et de dévouement. Il faut avouer pourtant qu'il y a, entre toutes les femmes qui participent à l'honneur de la maternité, plus que des nuances. Marie n'aura rien à désirer sous ce rapport. La fermeté du père, qui sait tempérer la douceur des caresses maternelles, réformer le caractère, corriger les défauts naissants, ne lui manquera pas non plus. Et si elle trouve, alors, qu'on est parfois sévère pour sa jeunesse, plus tard elle reconnaîtra volontiers qu'on n'aura été que juste et prévoyant.

Marie naquit le 16 septembre 1867, à Coucy-le-Château, d'une famille aussi honorable que chrétienne, et reçut, peu de jours après, le saint baptême dans la vieille église de la cité des Enguerrand. Au nom de Marie, qu'elle devait porter, on ajouta ceux de Louise-Marguerite. Elle se trouva ainsi, dès son entrée dans la vie, placée à la fois sous la double protection de la Mère de Dieu et de la sainte religieuse à qui Notre-Seigneur daigna révéler les trésors d'amour de son cœur divin. La vie de Marie sera, de fait, remplie tout entière par la double dévotion envers la très sainte Vierge et envers le Sacré-Cœur de Jésus vivant dans l'Eucharistie.

Mme Danré eut le regret, si sensible au cœur d'une mère chrétienne, de ne pouvoir nourrir son enfant de son propre lait, et dut, bien malgré elle, la confier à une nourrice étrangère. Elle eut aussi le chagrin de s'en séparer presque dès sa naissance. Marie passa la plus grande partie de ses premières années auprès de ses grands-parents maternels, à Prémontré. Le climat plus tempéré de ce vallon, berceau de l'ordre célèbre qui en porte le nom, convenait mieux à sa constitution délicate. Sa santé, en effet, donna dès lors de sérieuses inquiétudes. et l'on put croire qu'elle n'était née que pour s'envoler au ciel dans sa robe baptismale. C'eût été grand dommage, comme on le verra.

L'objet d'une tendresse exagérée de la part de ses grands-parents, vrais types de bonté, elle devint quelque peu capricieuse et exigeante ; se laissant aller à la colère, voire même à des cris, quand on lui refusait quelque chose. « Vraiment, « écrivait Marie à quinze ans de là (sans doute « au souvenir des gâteries qui lui avaient été pro- « diguées alors) on dirait que les grands-parents « aiment plus leurs petits-enfants que les parents « eux-mêmes. » Quoi qu'il en soit des autres familles, il était certain, pour celle de Marie, que si ceux-là l'aimaient plus, ceux-ci l'aimaient *mieux*.

Pour la finesse des traits, la fraîcheur du coloris, la grâce des manières, la petite Marie à l'âge de trois ans était, paraît-il, un modèle de jolie enfant ; et plus d'une fois, ses parents auraient voulu retenir les exclamations des personnes qui, en louant imprudemment sa beauté, versaient le poison de la vanité dans son jeune cœur. Mieux inspirée, sa maîtresse de classe ne cessera plus tard de lui répéter : « Vous savez, « Marie, nous sommes de celles dont on ne « parle pas. »

Durant l'hiver de 1870, Marie était revenue à Coucy-le-Château, dans la demeure de ses parents. Un jour de janvier, que le froid était glacial et la terre couverte d'une neige épaisse, son père, pour l'habituer à respirer l'air si vif de ce pays, voulut la conduire dans la campagne. Qui les eût suivis des yeux, les aurait vus traverser la petite ville de Coucy, sortir par la porte dite de Soissons, promener leurs regards au loin sur la plaine toute blanche, reculer devant la bise trop piquante, rentrer par la même porte, et, au lieu de regagner la maison paternelle, se diriger vers la vieille église. Entrés dans le lieu saint, il les aurait vus s'avancer vers l'autel de la sainte Vierge, le père s'agenouiller pieusement à une certaine distance, et, sur son conseil, l'enfant s'agenouiller à son tour sur le palier de l'autel. S'il eût pu lire dans le cœur du père, il aurait vu avec quel ardent désir d'être exaucé il consacrait sa première enfant à la Mère de Dieu, pour qu'elle daignât l'adopter tout particulièrement à son service.

En juillet 1870, quelques jours avant l'invasion, M. Danré, inquiet pour sa propre santé, quittait Coucy-le-Château, et allait prendre à Prémontré, au milieu du calme et du silence des bois, comme dira Marie tout à l'heure, quelques années de repos. C'est là que va s'achever la première enfance de Marie. Elle fait régulièrement, avons-nous besoin de le dire, ses prières chaque matin et chaque soir sous l'œil de sa mère. Avec ses parents, elle assiste non moins régulièrement aux saints offices dans la petite chapelle de l'hospice, qui sert en même temps d'église paroissiale. Déjà, elle en suit toutes les cérémonies avec une religieuse attention. Une seule chose dans le lieu saint la trouble et lui cause meme quelque frayeur ; c'est le costume des bonnes religieuses de l'asile, auquel elle a peine à s'habituer. Dieu sait combien, dans la suite, il lui sera cher.

Le 1er mai 1875, M. Danré vint avec sa famille se fixer à Saint-Gobain et y reprendre la pharmacie de la Manufacture des glaces. Marie allait atteindre sa huitième année. Confiée aussitôt son arrivée aux religieuses de l'Enfant-Jésus, qui, en dirigeant l'école communale, recevaient aussi quelques pensionnaires, elle ne tarda pas à se faire remarquer par une intelligence pleine de vivacité, une volonté pleine d'énergie, et tint constamment dans ses classes le premier rang. La filiale affection qu'elle ne cessa jamais dès lors de porter à ses dignes maîtresses sembla présager sa vocation future. Elle ne se plaisait nulle part aussi bien que dans leur société. Mais, parmi ses compagnes, elle savait faire un choix sévère et ne craignait pas de briser avec celles qui répondaient moins bien à l'idée qu'elle s'était faite de l'écolière vertueuse. Impitoyable pour celles qui manquaient de sincérité et de franchise, elle l'était plus encore, nous le verrons tout à l'heure, pour celles qui ne paraissaient pas assez délicates à l'endroit de la belle vertu.

Cette prédilection pour la vertu angélique est la marque infaillible d'un cœur noble, élevé, généreux, capable de porter l'amour de Dieu et du prochain, et partant l'amour du sacrifice et l'immolation de soi-même, jusqu'au plus haut degré ; en même temps qu'elle est d'ordinaire l'indice des desseins particuliers de Dieu sur une âme. La vie de Marie en sera la preuve.

« Une âme pure dans un corps chaste, répé- « tait souvent le curé d'Ars, oh ! que c'est beau, « que c'est beau ! » Et ce disant, il pleurait à chaudes larmes.

La piété sincère et raisonnée de Marie donna, dès l'époque de sa première communion, les garanties les plus sérieuses de persévérance. Avec quel soin, quelle ardeur, elle se prépara à cette grande action, ses compagnes, ses maîtresses, le prêtre qui l'instruisit ne l'ont pas oublié ! La retraite qui précéda, prêchée par un homme éminent, M. l'abbé Legrand, ancien vicaire général du diocèse, fit une profonde impression sur son esprit et sur son cœur, et ne contribua pas peu à la ferveur de ses dispositions.

La première du catéchisme, c'est à elle qu'échut l'honneur envié de réciter en ce beau jour, 16 juin 1878, l'acte de consécration à la très sainte Vierge ; et tous les assistants furent frappés de l'accent de conviction qu'elle y mit. A dater de là, on la vit plus sérieuse et plus réfléchie, plus appliquée aux choses de la piété, plus généreuse pour combattre ses défauts de caractère, dont quelques-uns assez saillants. Il ne se passa guère de semaines d'ailleurs, depuis cette époque jusqu'à sa mort, où elle ne s'approchât de la table sainte. Et quel meilleur, quel plus sûr moyen de persévérer et de progresser dans la vertu?

C'est à cette même époque qu'elle demanda avec instance d'être reçue au nombre des Enfants de Marie ; et l'on ne crut pas, malgré son jeune âge, devoir retarder pour elle ce bonheur. On la voit encore, à ce salut du dimanche soir, agenouillée aux pieds de la Reine du Ciel, et recevant ses aimables livrées, le ruban bleu et la médaille, avec un visage que semblait illuminer un rayon de la joie des élus.

Les lignes suivantes empruntées à son *Journal* nous révèleront à la fois les sentiments intimes de son âme au jour de sa première communion, et le précieux souvenir qu'elle en garda.

« Huit ans aujourd'hui, y lisons-nous à la date du 1er juin 1886, que j'ai reçu mon Dieu pour la première fois ! O jour béni, que ton souvenir est doux à mon cœur, à ce pauvre cœur qui, depuis, vous a tant de fois oublié, ô mon Dieu ! — J'ai communié ce matin, et j'ai pris de bonnes résolutions, en présence de Jésus et aux pieds de Marie. Oh ! oui, je ne veux plus vivre que pour Dieu ; je ne veux plus m'attacher aux créatures ; je veux faire à tous mes défauts une guerre incessante. »

Et plus tard, à la date du 26 mai 1887 : « C'était aujourd'hui la première communion à... J'ai eu le bonheur d'y assister. Quelle émotion ! comme mes larmes coulaient, au doux et ineffaçable souvenir que ce jour me rappelait ! — O beau jour de ma première communion! O jour plein de délices! O bonheur indicible de posséder son Dieu pour la première fois! Je me rappelle que ce jour-là je ne craignais plus rien, que j'aurais affronté le martyre... Avec Dieu dans son cœur, que craindre?... »

Nous verrons bientôt quelle tendre et amoureuse dévotion envers la sainte Eucharistie, fruit naturel d'une première communion fervente, Marie conserva toute sa vie.

Parmi les sœurs qui dirigeaient l'école de Saint-Gobain, avec autant de succès que de dévouement, il en était une pour laquelle Marie avait une affection plus vive, une préférence marquée. Elle en parle souvent dans son *Journal*, l'appelant toujours « sa chère maîtresse, sa maîtresse bien-aimée ». Et c'était justice. Car, outre qu'elle était largement payée de retour, cette maîtresse exerça sur l'éducation de Marie, sur la formation de son esprit et de son cœur, aussi bien que de son caractère, la plus heureuse influence. N'y aurait-il pas eu ingratitude, de la part de la jeune fille, à ne pas reconnaître un tel service par la plus tendre affection ?

Mais il vint un jour bien triste, pour Marie et pour toute la paroisse de Saint-Gobain. On apprit, aux vacances de l'année 1883, que la chère maîtresse ne revenait pas à la rentrée d'octobre. Ses supérieures la retenaient à Soissons, comme assistante de la Maison-mère et directrice du pensionnat qui y est annexé. M. Danré, quelle que fût son estime pour la religieuse qui lui succédait, crut devoir confier ses deux filles à celle qui avait si bien commencé l'œuvre de leur éducation. Marie et Pauline quittèrent donc Saint-Gobain et suivirent leur maîtresse dans sa nouvelle résidence.

Mais il est temps de céder la parole à celle-ci. Personne n'a mieux connu Marie et ne peut mieux nous apprendre ce qu'elle fut dans sa première jeunesse.

« Pendant dix ans que j'ai eu cette chère enfant pour élève, écrivait-elle au lendemain de sa mort, je n'ai jamais eu de reproche vraiment sérieux à lui adresser... Elle tenait jour par jour note de ses actions, et s'y reprochait sévèrement ces fautes de vivacité, d'impatience, d'amour-propre, qui lui échappaient assez souvent, et que déjà elle avait tant à cœur de réprimer... La franchise était le fond de son caractère : elle ne savait pas dissimuler, même pour éviter un reproche ou une punition. Et comme elle sut conserver intacte la belle vertu ! Je l'ai suivie de bien près, et je n'ai jamais surpris, ni dans ses actes, ni dans ses paroles, rien qui fût de nature à la flétrir... Elle semblait, toute jeune fille, ne pas dédaigner la parure. « Marie, lui disais-je un « jour, je crains bien que votre cœur ne s'atta-« che à la vanité. — Oh ! non, me répondit-elle, « je vous assure que je ne tiens pas à tout cela ; « je vous le prouverai bien quelque jour, en y « renonçant à jamais. »

« Et quelle n'était pas sa générosité, continue la même maîtresse ! Que de fois, à ma connaissance, il lui arriva de donner pour une bonne œuvre tout le contenu de sa bourse. Elle n'était pas moins prête à se donner elle-même. Je l'ai vue souvent, petite enfant, prendre pour elle les besognes les plus difficiles dont ses compagnes ne voulaient pas. Je ne pense jamais non plus sans émotion à sa tendre et filiale affection pour nous. Elle était au désespoir lorsqu'elle nous avait causé quelque peine. Une nuit, il lui arriva de se lever pour aller solliciter son pardon de l'une de nous qu'elle avait offensée. »

« J'ai écrit aujourd'hui, disait Marie six ans plus tard, à Marguerite P..., cette vieille compagne et amie de mes plus beaux jours. Je lui rappelais ces jours délicieux, au ciel sans nuages, mais que, dans notre profonde ignorance de la vie, nous trouvions alors bien sombres parfois ! — O heureux temps de mon enfance, reviens, reviens donc ! — S'il m'était donné de recommencer à vivre, comme j'emploierais bien tout le temps qui me serait donné ! — Mais, hélas ! vains rêves, vaines résolutions ! Tout est englouti dans l'éternité, et j'ai déjà à répondre devant Dieu d'au moins treize années ! »

Marie garda toute sa vie la plus tendre affection pour ses compagnes d'enfance qu'elle jugea dignes de son amitié ; qu'on nous passe cette expression. On a vu plus haut qu'elle ne donnait son cœur qu'à bon escient; mais quand elle le donnait, c'était sans retour. Son *Journal* est rempli de ces touchants souvenirs « tout embaumés, « comme elle disait elle-même, des senteurs du « printemps. »

Un trait entre beaucoup d'autres :

Une de ses amies, celle-là même qui tenait avec elle la tête du catéchisme et avait récité, le jour de la première communion, l'acte de renouvellement des vœux du baptême, se mourait de la maladie qui devait emporter quelques mois plus tard sa chère Pauline et Marie elle-même. Un soir, qu'elle l'avait visitée sur son lit de douleur, et qu'elle avait vu sa famille en larmes, elle écrivait en rentrant : « Je suis descendue chez Jeanne B... Pauvre amie! elle se meurt de la poitrine, à dix-sept ans! Nous avons fait ensemble notre première communion. Qui eût dit alors que six ans plus tard elle dirait adieu à la terre? J'ai bien peur qu'el le ne voie pas le mois de mai ici-bas Quelle douleur pour ses pauvres parents! Pour elle, je pense, mourir est doux; car elle me disait l'autre jour : « Ça m'est égal de mourir ! mais « je le redoute à cause de mes parents ! »

Jeanne vécut encore quelques semaines, et mourut à la fin de mai, juste à temps pour aller clôturer dans le ciel ce mois béni. A cette nouvelle, Marie, de retour alors à Soissons, écrivait : « Jeanne B... est morte. Quel coup ! quel saisissement j'ai éprouvé en apprenant la triste nouvelle ! Ah ! pauvre amie, elle nous a donc dit au revoir. Bien sûr qu'elle est au ciel ; elle était si pure, si bonne ! »

II

LES DEUX SŒURS

« *Soror mea, amica mea.* »
« O ma sœur, ô ma meilleure
« amie. »

(Cant., v, 2).

Le lecteur a fait connaissance avec Marie, nous allons lui faire connaître Pauline, sa jeune sœur ; Pauline, une des âmes les plus pures, les plus candides, les plus aimables, que nous ayons rencontrées durant un ministère qui va bientôt compter vingt-neuf années. Oh ! cette sœur, Marie aurait bien pu l'appeler « la moitié de son âme », et lui dire, empruntant la parole des cantiques : « O ma sœur, tu es ma meilleure amie ! » Pauline le lui rendait largement. Jamais peut-être deux sœurs ne s'aimèrent davantage.

« Pauline, a dit avec raison l'auteur de la charmante notice publiée sur elle au lendemain de sa mort, était admirablement douée : cœur excellent, caractère heureux, attrait pour l'église et les choses de la piété, elle semblait, pour devenir vertueuse, n'avoir qu'à suivre ses penchants naturels. » Les pages précédentes nous ont appris ce que fut son éducation première, tant au foyer domestique qu'à l'école, son partage sous ce rapport ayant été aussi heureux que celui de sa sœur.

« La faveur insigne à ses yeux, celle dont elle porta jusque sur son lit de mort les gracieux et touchants emblêmes, ce fut celle de sa première communion. Non contente de se préparer à ce grand acte, en s'approchant fréquemment du saint tribunal, et en apprenant avec un soin jaloux la lettre du catéchisme, dont elle écoutait ensuite l'explication avec une attention soutenue, elle voulut tous les samedis se priver de son déjeuner ordinaire et se contenter d'un morceau de pain sec.

« Aussi, avec quels sentiments elle reçut pour la première fois le pain des anges, c'est ce qu'il est plus facile d'imaginer que de dire. Beaucoup d'indifférents eux-mêmes furent émus de son attitude angélique, et la sainte Vierge dut lui sourire lorsque, comme avait fait sa sœur, elle récita au nom de ses compagnes, l'acte de consécration qui les mettait toutes sous la puissante sauvegarde de la Reine du ciel. »

Pauline eut d'ailleurs, comme Marie, le précieux avantage d'être préparée à sa première communion par une retraite aussi pleine d'intérêt que de doctrine ; et si nous ne livrons pas ici le nom du prédicateur, c'est que l'Esprit-Saint nous défend de louer les vivants.

« A partir de ce moment, Pauline sollicita et obtint la faveur de recevoir chaque semaine ce très doux ami de son âme innocente ; ce à quoi elle fut fidèle tout le reste de sa vie. Et son exemple fut suivi peu à peu par un certain nombre de ses compagnes. Admirable enfant, qui n'avait d'autre souci que de se conserver digne de l'amitié de son Dieu, quand tant d'autres, déjà à cet âge, recherchent le plaisir et la honte à la suite du démon. »

A l'exemple de sa sœur, elle demanda dès lors à être admise au nombre des Enfants de Marie, et on n'hésita pas davantage à accéder à son désir. Elle ne savait comment en exprimer sa joie, répétant volontiers que ce jour avait été un des plus beaux et des plus heureux de sa vie.

Telle était Pauline lorsqu'elle suivit Marie au pensionnat de Soissons. « Elle s'y montra, comme à Saint-Gobain, un modèle d'obéissance et de candide piété, gardant toujours et pour tous un cœur doux et riant. » Mais sa santé l'obligea bientôt à le quitter ; elle n'y séjourna que cinq mois à peine, assez cependant pour y laisser de vifs regrets dans le cœur de ses maîtresses et de ses compagnes. Partie pour Soissons au mois d'octobre 1883, elle revenait à Saint-Gobain au mois de mars de l'année suivante.

Qui dira le chagrin de Marie, en voyant sa sœur chérie se séparer d'elle pour la première fois ! Qui dira ses angoisses, à la pensée que peut-être cette séparation momentanée en présageait une autre bien plus longue. C'est son *Journal*, « ce cher petit confident, comme elle l'appelle, « de toutes ses pensées, de toutes ses joies et de « toutes ses peines, » qui va nous répondre, dans une langue que le cœur seul connaît, que le cœur surtout d'une jeune fille, restée pure et pieuse à dix-sept ans, parle toujours si bien.

Le *Journal* se tait jusqu'aux vacances de Pâques, qui étaient proches. Nous trouvons alors Marie au chevet de sa chère petite *Paulinette*, lui prodiguant les soins les plus assidus et les plus délicats, et commençant dès lors à son insu, pour le continuer plus tard, l'apprentissage de la patience et de la résignation si nécessaires aux pauvres malades, minés lentement par la phthisie pulmonaire.

Ses vacances se prolongent au delà des limites ordinaires, et elle écrit à la date du 25 avril 1884 : « Je suis encore à Saint-Gobain, quoique les vacances de Pâques soient terminées. Hélas! c'est que nous avons ici une malade, notre chère petite Pauline. Voilà déjà six semaines que cette chérie est souffrante. Espérons pourtant que le bon temps et nos ardentes prières lui rendront la santé... Toujours, malheureusement, un froid glacial! Qui dirait que, dans huit jours, nous serons au 1er mai! »

Le lendemain : « Pauline est plus souffrante ; elle gardera le lit toute la journée. O mon Dieu, conservez-nous-la... Cette après-midi, notre vilaine petite chérie a eu un mouvement nerveux qui nous a fait peur! Heureusement, cela n'a été rien! »

Marie écrivait le 29, à la veille de son départ pour Soissons : « Pauline va doucement. Le matin tout va bien ; elle est gaie comme un pinson : l'après-midi, c'est autre chose ; la fièvre et quelquefois la mauvaise humeur s'emparent d'elle... Mais j'ai reçu ce matin une lettre de ma chère maîtresse, qui m'a fait infiniment de plaisir. Toute la communauté, sœurs et élèves, a commencé hier une neuvaine pour notre malade.

Dieu daigne exaucer leurs supplications ! C'est là mon plus grand désir. »

Puis elle ajoutait ces lignes, qui prépareront le lecteur au dénouement de notre histoire : « Chez nous, vers midi, on parlait de vocation. Ce serait un grand bonheur pour nos parents, si l'une de leurs deux filles était religieuse. *Oh ! je voudrais bien que le bon Dieu me donnât la préférence !* »

De retour à Soissons, le 1er mai, elle confie à son *Journal* toutes les amertumes et les tristesses d'une séparation doublement douloureuse :

« En arrivant au Pensionnat, dit-elle, je n'ai pu m'empêcher de pleurer ! J'étais si émue de rentrer ici sans ma petite Pauline ! Je croyais toujours la voir ! »

Le 3 mai, jour de l'Exaltation de la sainte Croix, qui devait être quatre ans plus tard celui de sa mort, Marie traçait ces lignes, que le rapprochement rend encore plus touchantes : « J'ai communié ce matin. J'ai bien prié Notre-Seigneur, et je me suis de nouveau donnée tout à lui... J'attends demain avec impatience ; car, demain, je dois avoir des nouvelles de ma Pauline chérie. Dieu veuille qu'elles soient bonnes ! Je viens de lui envoyer quatre *éclairs*. Elle les aime tant ! cela lui fera certainement plaisir. Elle verra aussi qu'à Soissons on pense à elle..... »

Il ne peut entrer dans notre plan de reproduire ici, quelque intéressants qu'ils soient, tous les passages du *Journal* de Marie qui concernent sa sœur. Donnons-en au moins une courte analyse.

Tantôt, apprenant que « sa chère Paulinette, sa sœur bien-aimée, sa Pauline chérie », va mieux, elle tombe à genoux et s'écrie : « Je « viens de recevoir une lettre de Saint-Gobain. « Pauline va mieux. O mon Dieu, merci. » Tantôt, au contraire, apprenant qu'elle est plus souffrante, elle écrit : « J'ai reçu, ce matin, une let- « tre de Pauline ; la pauvre petite chérie va bien « doucement ; les fortes chaleurs l'ont beaucoup « fatiguée ! » Tantôt, elle fait allusion aux petits chagrins, aux petites humiliations, aux petits déboires de sa vie de pensionnaire, et « elle les « accepte de bon cœur, en les offrant à Dieu pour

« la guérison de sa bien-aimée sœur. » Tantôt, n'y tenant plus, elle sollicite et obtient la permission d'aller passer quelques jours « auprès de « sa chère petite malade » ; elle en revient bien triste, parce qu'elle l'a trouvée toujours aussi souffrante ! A quelque temps de là, ayant obtenu de nouveau la même faveur, elle écrit : « Je pars demain après-midi pour Prémontré. Dieu veuille que je ne trouve pas la malade trop changée !... Jusqu'ici je n'ai pas eu de véritables chagrins : mais si je perdais ma Paulinette bien-aimée, oh ! que de larmes je verserais ! » — « Laissez-nous-la, ô mon Dieu, disait-elle encore, ce sera un ange sur la terre ! » — Ailleurs elle disait dans un langage gracieux : « C'est un bouton de rose, « pour lequel il ne faudrait rien moins que les « rayons du soleil divin. » — D'autres fois, Marie écrivait coup sur coup dans les lieux de pèlerinage, pour recommander *sa* Pauline aux prières des âmes pieuses, « espérant toujours que la sainte Vierge exaucera le plus ardent de ses vœux, après celui d'aimer Dieu de tout son cœur ! » Mais, hélas ! son espoir devait être déçu, et le ciel avait résolu, pour employer une de ses expressions, de reprendre à la terre l'ange qu'il lui avait prêté.

Marie parlait plus haut d'une lettre de Pauline. La correspondance des deux sœurs, durant les derniers mois du séjour de Marie au pensionnat, nous fournirait, si les limites de ce petit opuscule pouvaient le permettre, la matière de quelques pages intéressantes, et nous dirait une fois de plus la tendre affection qui les unissait. Nous ne pouvons ici que la mentionner.

Au mois de mars 1884, Marie avait conquis, après un examen brillant, son brevet élémentaire ; et nous dirons à sa louange que nous n'avons trouvé dans son *Journal* aucune trace de ce succès. Elle demeura encore au pensionnat de Soissons jusqu'à la fin de l'année scolaire, et y passa les premiers mois de l'année suivante, dans le but de se préparer au brevet supérieur ; la maladie de Pauline, qui fit alors des progrès effrayants, l'obligea de revenir définitivement dans sa famille à Saint-Gobain au mois de janvier 1885.

Nous allons la suivre au chevet et sur la tombe de sa sœur bien-aimée.

« Je suis ici, écrivait-elle à cette date, près de notre chère petite malade. Elle va doucement. Le froid lui est tout à fait défavorable... Que d'inquiétudes! Que le cœur est gros par moments!... Elle a communié ce matin. C'est un véritable ange! C'est pourquoi j'ai si peur que le bon Dieu nous la reprenne! Ah! qu'il nous épargne ce chagrin! » Et à quelques jours de là : « Notre petite Pauline ne va pas mieux ; au contraire, elle s'affaiblit de plus en plus. Que de craintes! Que d'angoisses! Maria G... et Marie L... sont reparties tout à l'heure au pensionnat. Elles sont venues dire au revoir à Pauline. Je me disais : Peut-être est-ce la dernière fois qu'elles se voient sur la terre! » La triste prévision allait se réaliser, Pauline n'avait plus que quelques semaines à vivre.

« Notre petite malade a eu quinze ans hier, écrivait Marie le 17 janvier. Elle est beaucoup plus souffrante depuis deux jours. Notre-Seigneur, en venant à elle, lui a apporté tout un trésor, mais c'est un trésor de souffrances. Une violente douleur de côté lui ôte le peu d'aisance qu'elle avait encore pour respirer... Le 17 janvier sera à jamais pour nous une date mémorable. Pauline a reçu l'Extrême-Onction ! Voyant qu'elle allait plus mal, vers deux heures, papa m'a envoyée chercher M. le Curé, qui lui a proposé de recevoir le sacrement des malades. Après quelques hésitations, elle y a consenti ; et le soir, à six heures, a eu lieu la triste et consolante cérémonie. Notre Pauline, c'est un véritable ange sous une enveloppe terrestre ! »

Quelque contraires que fussent les apparences, Marie se prenait encore parfois à espérer : on croit si volontiers ce qu'on désire ! « Aujourd'hui, lisons-nous dans son *Journal* à la date du 25 janvier, magnifique journée de printemps ; ciel bleu et beau soleil. La verdure seule manquait. La fenêtre de ma chambre est restée ouverte toute l'après-midi. Notre malade bien-aimée semblait renaître à la vie, et nous, à l'espérance. »

Le *Journal* de Marie, quoique rempli à cette époque du souvenir de sa sœur, ne se tait pas néanmoins sur l'état spirituel de son propre cœur. Il ne se passe guère de jours, où elle n'ajoute au bulletin de santé de Pauline des réflexions telles que celles-ci : « O mon pauvre cœur, tu voudrais aimer, jette-toi donc dans la fournaise ardente du Cœur de Jésus, et tu en sortiras tout brûlant d'amour. Livre-toi tout entier à lui, et ne t'attache plus aux créatures. » — Elle nous y apprend aussi qu'elle s'appliqua dès lors à l'exercice de l'oraison mentale, et qu'elle était fidèle à y consacrer un quart d'heure chaque jour. C'est le minimum demandé par sainte Thérèse à toutes les âmes qui veulent assurer leur salut.

Nous voyons encore par son *Journal* que la pensée de sa vocation commençait à la préoccuper beaucoup. Elle y revient sans cesse, se demandant toujours avec une anxiété croissante : quelle est donc ma vocation ? Elle se tourne à chaque instant vers Dieu, le priant d'éclairer, d'inspirer à cet égard celui qui la dirige. « Oh ! si je savais, disait-elle, que Dieu m'appelle à devenir son épouse, tout de suite je partirais ! Je voudrais demander des conseils, et je n'ose pas.

Mon Dieu, éclairez-moi : inspirez à celui qui dirige mon âme la pensée de me parler de ma vocation. Oh ! alors, je lui parlerai moi-même à cœur ouvert !... »

Le *Journal* nous révèle également avec une exactitude scrupuleuse, les défauts de Marie et ses fautes quotidiennes : c'est, d'une part, l'amour-propre, la recherche de soi-même dans ses actions, le désir de paraître, etc... ; ce sont, d'autre part, des impatiences, les petites résistances aux volontés de ses parents, le peu d'amabilité, la mauvaise humeur, etc. Elle ne se pardonne rien, se reproche tout avec une grande sévérité. Mais on y voit, en bien plus grand nombre encore, des résolutions généreuses, d'admirables élans d'amour de Dieu, des désirs ardents du ciel, les invocations les plus affectueuses et les plus tendres à la sainte Vierge et à saint Joseph !

Revenons à Pauline. Le mois de janvier s'achève, et le mois de février se passe au milieu de continuelles angoisses. La lampe jette encore de temps en temps quelques lueurs, mais on voit qu'elle va s'étendre faute d'huile. « Pauline s'affaiblit de jour en jour. Pauvre chérie, elle ne se croit pas si malade ; elle rêve au beau temps !... Mon Dieu, si vous vouliez, vous pourriez la guérir ! »

« Parfois, lisons-nous dans la *Notice*, les crises étaient violentes, les insomnies prolongées ; aux souffrances habituelles venaient s'ajouter d'autres douleurs aiguës ; jamais une plainte, à plus forte raison un murmure, ne sortait de ses lèvres ; jamais le sourire aimable de la confiance, de la résignation et de l'amour n'abandonnait ses traits : « Oh ! je suis bien résignée à la volonté « de Dieu ! aimait-elle à répéter ; je lui fais bien « volontiers le sacrifice de ma vie ! » Un jour « qu'elle faillit mourir : « J'étais, disait-elle en re- « prenant ses sens, sur le chemin du ciel, j'au- « rais bien dû ne pas redescendre sur la terre. » — La veille de Noël, comme sa bonne mère préparait avec soin son lit pour la coucher, elle avait dit : « Oh ! ne le fais pas si bien, va ; je serai « toujours mieux couchée que ne l'a été cette « nuit l'enfant Jésus ! » Un autre jour que sa mère lui faisait part des regrets que lui laisserait sa mort, elle lui fit cette réponse charmante : « La sainte Vierge a eu bien plus de chagrin que « tu ne pourras en avoir, car Notre-Seigneur, « lui, n'avait pas de défauts comme moi ; il était « parfait ! »

« La veille de sa mort elle invitait sa mère à placer sa tête près de la sienne pour la soutenir et l'aider à prier, et elle disait : « Mon Dieu, « je « vous remercie de la journée que vous venez de « m'accorder ! » Sa mère l'interrompant : » Cependant, ma chère petite, elle n'a pas été bien « bonne la journée. » — « Mais, répondit la vic- « time résignée, puisque Dieu l'a voulu ! »

« Le jour même de sa mort, elle avait reçu une image représentant la scène du calvaire ; Notre-Seigneur Jésus-Christ en croix, la sainte Vierge debout et sainte Madeleine agenouillée : « Vois-tu, « lui disait sa pieuse mère, c'est toi qui es sur la « croix, et ta sœur et moi nous sommes là près « de toi bien affligées ! » — Pauline demanda qu'on fixât cette image contre la muraille, tout près de son chevet, et elle n'en détacha plus guère les yeux, consommant sans doute son sacrifice, en union avec la grande victime du calvaire. »

Nous cédons ici la parole à Marie. Elle-même raconte, à un an de là, « avant de clore le *Jour-*
« *nal*, témoin de sa plus grande douleur, les der-
« niers moments de sa petite bien-aimée ; mo-
« ments affreux, dit-elle, dont le seul souvenir me
« fait encore une plaie ! »

« C'est le troisième dimanche de Carême, anniversaire du jour où elle était tombée malade, le 8 mars, à huit heures du soir, que ma chère Pauline s'est éteinte. Depuis quelques jours déjà, la faiblesse était plus grande, ainsi que l'oppression. Elle devait bien souffrir, mais pas une seule plainte ne sortit de sa bouche. Jamais, pendant les deux mois que j'ai passés près d'elle, je ne l'ai vue manifester le moindre mouvement d'impatience. Ce jour-là, qui était le dernier de sa trop courte vie, avait été bien mauvais. Elle avait encore fait pourtant bon visage à une de ses tantes venue pour la visiter. Mais elle était haletante ; je la voyais mourir ! ! Maman cependant s'illusionnait encore.

« Comme je voulais passer la nuit à son chevet et qu'on m'en dissuadait, je profitai de cette contrariété pour soulager mon cœur, si gros depuis le matin ; et cette pauvre petite, si près de la mort, eut encore la force de me dire : « Ne pleure « pas, je t'en prie. Oh ! si tu savais comme « je n'aime pas te voir pleurer ! » Paroles bénies, que je recueillis avec un bonheur indicible !

« Maman, prenant une statue de saint Joseph, patron de la bonne mort, la lui fit baiser. Elle y colla amoureusement ses lèvres, et retomba sur son oreiller pour dormir ; « car, disait-elle, elle « avait bien sommeil, n'ayant pas dormi la nuit « précédente. » Puis elle nous renvoya, papa et moi, pour prendre notre repos.

« Mais, au bout de quelques instants, maman nous rappelait. Nous trouvâmes Pauline assise sur son lit, nous regardant, ou plutôt cherchant à nous voir.

« Déjà sa vue était obscurcie, et ses dernières paroles furent celles-ci : « Oh ! je ne vous vois plus, je ne vous vois plus ! » Elle posa doucement sa tête sur son oreiller, elle était entrée en agonie. M. le Curé, appelé en toute hâte, arriva assez à temps pour lui donner encore une fois l'absolution et lui suggérer quelques pieuses pensées.

« Quelques minutes plus tard, tout était fini, son âme s'était envolée au ciel ; et il ne nous restait plus que son pauvre petit corps, duquel encore il fallait nous séparer !

« O sœur chérie, que de larmes le récit de ces tristes souvenirs me fait encore verser ! Que tu étais belle après ta mort ! Quel calme et quelle pureté se reflétaient sur ton visage ! Ah ! c'est que déjà tu jouissais du bonheur des saints ! Encore une fois, ne nous oublie pas là-haut ! Prie pour ceux que tu as laissés sur cette triste terre ! Que ton sort est préférable au nôtre, et que Dieu a été bon pour toi ! »

On voit quelle blessure profonde fit au cœur de Marie la mort de sa sœur, blessure d'autant plus douloureuse qu'elle dut plus souvent se faire violence pour n'en point parler, dans la crainte d'élargir celle dont souffraient ses parents. C'est alors surtout que son *Journal* va devenir le « confident de ses sentiments et de ses chagrins... »

« Vous m'aviez donné une sœur, ô mon Dieu, y lisons-nous au lendemain des funérailles de Pauline, vous l'avez reprise. Que votre volonté soit faite ! Hélas ! Hélas ! notre bien-aimée, notre trésor, notre vie, notre ange, nous a été ravie ! Quel coup ! Quelle épreuve ! La pauvre chérie s'est éteinte, dimanche soir à huit heures ; quel douloureux moment ! Jamais je ne l'oublierai !... Elle avait si grande envie de vivre, pourtant ! Comme elle aspirait l'été ! Elle ne devait pas même voir le printemps !... Une seule chose nous console ; c'est de penser qu'elle est sans doute au ciel !... Que tout cela a dû te sembler beau, cher ange !

« Toujours je la verrai, là, sur son lit de parade, quelle était donc belle ! Une statue, une vierge ! Elle n'a point changé. Elle a toujours été la même, depuis le dimanche soir jusqu'au mercredi matin !

« Au moment où j'écris, papa et maman sont

allés la voir. Le froid m'a empêchée de me joindre à eux... Cher ange, tu ne m'en voudras pas, je t'aime et t'aimerai toujours... Ah ! c'est aujourd'hui surtout que l'on sent le vide que tu as fait en nous quittant !... »

Après avoir rendu à Pauline les derniers devoirs, Marie quitta Saint-Gobain pour aller passer quelque temps à Prémontré, distraire ainsi sa douleur et celle non moins amère de ses grands-parents.

« Depuis un mois, lisons-nous à cette date dans son *Journal*, je n'ai pas encore eu le courage d'écrire. Il a fallu pour m'y résoudre revenir ici dans ma solitude ; solitude plus grande que jamais, puisque celle qui l'égayait un peu n'y est plus. Il m'est encore impossible de penser que cette chérie n'y reviendra jamais, car cette pensée me fait trop de mal.

« Hier matin, en revenant de communier, au moment où je me mettais à genoux, je jette les yeux à la sainte table, et j'y vois une enfant revêtue d'un châle bleu. Cette vue m'a fait une telle impression (car Pauline en portait habituellement un semblable), que mes larmes se sont mises à couler et que je ne pouvais les arrêter. Cela m'a fait beaucoup de bien. Depuis quelque temps, il m'était absolument impossible de pleurer. Peut-être m'a-t-on même accusée d'indifférence et d'oubli ! Ah ! cher ange, tu sais bien que cela n'est pas. Ma pensée est toujours avec toi. Je vis dans l'espérance de te revoir et de contempler un jour celui que tu contemples ! »

Quelques jours plus tard, Marie ajoutait :

« Pourquoi n'intitulerais-je pas mon *Journal*, comme Eugénie de Guérin après la mort de son cher Maurice : *A Pauline, au ciel.* »

« Il y a un an à pareil jour, écrivait-elle le 13 avril, j'arrivais en vacances et je t'embrassais le cœur bien gros. Je cherchais en vain à te trouver ta mine d'autrefois. Tu avais déjà de grands yeux qui respiraient l'innocence et faisaient penser au ciel. J'avais été à la messe sans toi, je commençais pour ainsi dire une nouvelle vie. Nous allions passer ainsi toute une année. Dieu semblait me préparer doucement à la grande séparation !

« Aujourd'hui je suis à Prémontré ; à ce Prémontré que tu désirais tant revoir ! Que tout ici te rappelle bien ! Tout à l'heure encore, j'ai vu quelques mots tracés de ta main ; sur le dos d'une glace tu avais écrit : Je suis tombée malade le 16 mars 1884, le dimanche *Oculi*. Et tu nous as quittés le 8 mars 1885, le dimanche *Oculi*, pour aller jouir du bonheur des anges ! »

Quelque temps après : « Me voilà encore revenue dans ma solitude, écrivait-elle ; papa et maman m'y ont amenée ; c'était la première fois que nous nous trouvions tous ici depuis que tu nous a quittés. Nous avons bien pensé à toi, et nous avons essayé, en parcourant cette route, que nous avons tant de fois suivie ensemble, de nous faire une petite, une bien faible idée de l'immense bonheur dont tu dois être enivrée. Contempler Dieu !... oh ! que je voudrais l'aimer, ce Dieu, avec bien plus de force !... O ma Pauline bien-aimée, demande donc à Celui dont tu chantes les louanges, que mon cœur soit vide de toute créature et se remplisse de son amour ! »

Et plus loin, à la date du 16 janvier 1887 :

« Aujourd'hui dix-sept ans que me naquit une sœur, une Pauline chérie, qui nous a quittés depuis bientôt deux ans, pour aller jouir dans l'autre vie de l'éternel repos, de l'éternelle joie, et chanter éternellement les louanges de Dieu. O sœur de mon âme, en même temps que tu l'es par la nature, je pleure toujours ton départ ; tu m'as laissée seule pour supporter le poids de toutes les épreuves qu'il plaira au bon Dieu de m'envoyer. Oh! des épreuves, j'en aurai ; je sens que je suis appelée à une vie de souffrances. Mais la souffrance acceptée pour Jésus, en union avec Jésus, qu'est-elle ? sinon l'or précieux avec lequel s'achète le ciel ! »

« On a enterré ce matin, écrit-elle ailleurs, la pauvre Marie F...! quelle douleur pour sa mère ! Comme mon cœur s'est serré lorsque je l'ai vue partir pour le cimetière ! Il me semblait voir partir ma pauvre petite Pauline ! O ma sœur bien-aimée, tu es toujours avec moi par la pensée, et j'essaie toujours, mais en vain, de me faire une idée des délices que tu goûtes là-haut ! »

Une des consolations de Marie, ainsi que de

ses chers parents, était d'aller au cimetière, s'agenouiller sur la tombe de Pauline, y répandre quelques larmes avec des prières. « J'arrive du cimetière, écrivait-elle un jour, au retour d'une de ces visites, je viens de prier près de cette tombe chérie, où dort de son dernier sommeil notre petite bien-aimée. Oh ! ce n'est pas pour elle que je prie, mais c'est elle que j'invoque ; car elle doit être au ciel, dans ce beau ciel où je voudrais être moi-même. »

Ils ont donc bien tort ceux qui prétendent que la religion condamne les affections légitimes inspirées par la nature ; elle les épure et les élève, mais ne les réprouve pas. Il n'y a jamais eu de cœur plus aimant que le cœur des saints.

Nous en aurions, dans l'affection si tendre de Marie pour ses parents, une autre preuve non moins touchante. A chaque page de son *Journal*, cette filiale tendresse s'affirme dans les termes les plus brûlants, dans les plus ardentes prières. Reçoit-elle une lettre de sa mère : « O bonheur ! « écrit-elle ; lire ceux que l'on aime ; entendre « parler de ceux que l'on chérit ! » Est-elle pour quelques jours éloignée du foyer domestique, le temps lui paraît d'une longueur insupportable, l'ennui envahit son âme et la remplit de tristesse. La maladie vient-elle visiter quelque personne de sa famille, elle tremble à la pensée de la perdre, et conjure Dieu de lui épargner cette cruelle épreuve, d'éloigner d'elle cet amer calice. S'agit-il de répondre à la voix de Dieu qui l'appelle à la vie religieuse, sa grande difficulté, nous le verrons, c'est de quitter son père, sa mère, ses grands-parents.

Durant les trois dernières années de sa vie, nous la voyons le plus souvent à Prémontré auprès de ses grands-parents maternels, les entourant d'affection, de dévouement, des soins les plus empressés. Et on peut bien dire, au rapport de ses grands-parents eux-mêmes, qu'elle ne cessa d'être dans leur demeure un véritable modèle de piété filiale.

La pitié filiale ! Y a-t-il, dans notre langue française, tout imprégnée des idées chrétiennes, une expression plus heureuse? La piété, c'est le respect et l'amour pour les choses de la religion, le respect et l'amour pour Dieu surtout ! La piété filiale, c'est le respect et l'amour pour les parents. Mais si l'expression est toujours française, la chose qu'elle signifie ne tend-elle pas à disparaître de plus en plus de nos mœurs, en même temps que décline la foi d'où elle dérive et dans laquelle elle puise ses plus belles, ses plus pures inspirations. Bénies soient à jamais ces familles chrétiennes, fidèles imitatrices de la sainte famille de Nazareth, qui conservent à la terre cette fleur précieuse destinée à embaumer le foyer domestique des parfums du ciel.

III

LE BANQUET SACRÉ

« *Frumentum electorum, et vinum*
« *germinans virgines.* »

« C'est le froment des élus, et le
« vin qui fait fleurir les vierges. »

(Zach. IX, 17).

Rien de surprenant dans cette tendresse de cœur chez ceux qui se donnent à Dieu par la divine charité, tous les amours légitimes naissant de cette source unique et grandissant avec elle. Or, Marie aimait Dieu, ou, ce qui revient au même, désirait ardemment l'aimer de tout son cœur. Toutes les pages de son *Journal* en font foi.

« Magnifique journée de printemps, écrivait-elle à la date du 24 mars; ciel bleu, chaud soleil, douces mélodies des oiseaux. Qu'il faisait bon de se promener au bois! Que Dieu est bon de nous procurer de si douces jouissances! Quand je goûte du plaisir en une certaine chose, je me dis: que doit être le ciel? Et cette pensée m'aide à me détacher de la terre. Oh! que je voudrais que mon cœur fût tout au bon Dieu!... »

Un jour de vendredi saint, elle écrivait: « Jour d'amour et de conversion! Oh! oui, c'est aujourd'hui surtout que l'on sent combien était immense l'amour de Jésus pour nous!... Un Dieu mourir sur une croix pour racheter sa créature!... Hélas! que de fois moi-même j'ai crucifié mon Jésus. O mon Dieu, pardonnez-moi, je ne savais pas ce que je faisais. Donnez-moi le regret sincère de vous voir offensé! »

« Que votre volonté soit faite, ô mon Dieu, écrit-elle dans une circonstance on ne peut plus pénible à son cœur. Je pourrais presque dire comme Notre-Seigneur au jardin des Oliviers: Mon âme est triste jusqu'à la mort... Quelle terrible épreuve ! Je suis d'une tristesse inexprimable!... Je me soumets à la sainte volonté, mais je m'y soumets en pleurant. Depuis hier la source de mes larmes ne tarit pas... O mon Dieu, pourquoi m'éprouvez-vous ainsi? Est-ce parce que vous m'aimez beaucoup? »... Et le lendemain, elle ajoute: « Mes larmes ne coulent plus, mon visage paraît plus gai ; mais mon pauvre cœur est toujours aussi malade : moralement je souffre d'une manière affreuse. Pourtant je recommence à prier et je m'en trouve bien. Tout à l'heure je disais à Notre-Seigneur : cette fois mon sacrifice est fait, mon cœur est à vous seul ; à vous tous les battements de ce cœur, à vous toutes ses affections... »

Un soir de janvier elle écrivait :

« Je viens de faire ma prière du soir, et je viens de pleurer. Je me trouve si froide pour Notre-Seigneur, et d'un autre côté je trouve ce divin Maître si froid pour moi, que j'en suis toute désolée ! Cela m'arrive surtout quand je lis la Vie de quelque saint ou sainte, comme en ce moment où je dévore Mme Barat. Oh ! si j'aimais

Jésus comme cette grande âme! Si j'étais comme elle unie de cœur, d'esprit et de volonté à ce même Jésus! Mais non, je ne serai jamais qu'une pauvre petite créature sans énergie, sans généssité, sans amour, craignant les croix, les fuyant comme le feu, faisant tout pour les éviter. Oh! que c'est triste lorsqu'on n'aime pas! et je n'aime pas Jésus!

« O mon Dieu, changez donc mon cœur, je ne demande qu'un peu d'amour pour vous : avec l'amour je serai forte; la volonté de celui que l'on aime n'est-elle pas la nôtre? Recule-t-on devant aucun sacrifice, quelque grand qu'il soit, quand il s'agit d'une personne tendrement aimée? N'est-on pas prêt à donner même sa vie, s'il le faut? Moi, je sais que je suis comme cela. Je pousserais le dévouement jusqu'aux dernières limites pour ceux que j'aime sincèrement. Si j'avais par conséquent un véritable amour pour Notre-Seigneur, je pourrais faire beaucoup pour lui. Courage donc, mon âme! aime, aime Jésus, mais aime-le par-dessus tout. »

« J'ai fait des efforts, dit-elle ailleurs, et je

suis résolue à en faire encore davantage, car il faut absolument que j'aille au ciel... Au ciel ! qu'il doit y faire bon ! que l'on doit être heureux d'aimer Dieu autant qu'il le mérite, ou du moins de tout son cœur ; je voudrais tant l'aimer ce Dieu ! et mon pauvre cœur est si froid, si attaché aux créatures, et surtout si inconstant ! »

« Le soleil, écrivait-elle plus tard de Prémontré, vient nous réjouir et animer toute notre petite vallée. Les oiseaux chantent à Dieu leurs plus beaux refrains. Mon âme, ô mon Dieu, s'élève aussi vers vous, et, mieux que les oiseaux, elle vient vous redire tout son amour.

« Oui, je vous aime, ô mon Dieu ; et je voudrais pouvoir vous aimer encore plus. Quand donc irai-je au ciel, pour nager dans un océan d'amour ? Mais il faut que je le gagne ce ciel ? Où voulez-vous m'envoyer, ô mon Dieu ? Parlez, votre petite servante écoute ! Me voulez-vous chez les religieuses de Marie-Réparatrice (1) ; me vou-

(1) La *Société de Marie-Réparatrice* (c'est le nom que porte cette Congrégation) a été fondée en 1854, au diocèse de Strasbourg, par la baronne d'Hooghvorst, de l'illustre famille belge des

lez-vous au pied de votre autel, fidèle et pieuse adoratrice de votre sainte hostie? Me voulez-vous passant ainsi tous mes jours, prosternée devant vous, priant pour moi et pour tous les pécheurs du monde, vous offrant mes adorations pour vous faire oublier tous les outrages qui vous viennent de la part de tant d'ingrats?... O Jésus, je suis prête à faire tout ce que vous me direz. Mais faites que je ne vive que d'amour, que je me consume d'amour, que je meure d'amour, pour vivre éternellement d'amour avec vous. »

Trouve-t-on de plus beaux sentiments, et mieux exprimés, dans la Vie des saints? Lisez encore ces lignes.

comtes d'Oultremont. Devenue veuve, cette noble dame se donna tout à Dieu, et se sentit inspirée d'établir une Congrégation religieuse ayant pour but de réparer les outrages faits à la divine Majesté et le mal causé aux hommes par le péché. Ses membres devaient s'appliquer à marcher sur les traces de la vierge Marie, qui a été associée d'une manière si intime à l'œuvre de la Réparation du genre humain. De là son nom de : *Société de Marie-Réparatrice.* — Elle compte déjà, à l'heure qu'il est, près de vingt-cinq maisons en France, en Belgique, en Angleterre, en Espagne, en Italie, en Irlande, dans plusieurs colonies anglaises et françaises, et à Jérusalem.

« Ma pauvre âme est si heureuse quand elle se sent toute remplie d'amour pour son Bien-Aimé ! Cette après-midi, il m'a fallu quitter mon ouvrage, aller pendant quelques instants m'enfermer dans ma chambre, et me prosterner en esprit aux pieds de Notre-Seigneur. O moments pleins de délices, que ceux où il me semble mieux sentir la présence de Jésus et mieux entendre sa voix. Oh, pourquoi ne pas mourir tout de suite alors, pour vivre éternellement de cette vie ! O Jésus, si vous donnez à une pauvre misérable comme moi de tels mouvements d'amour, que donnez-vous donc à vos saints ? Que je comprends bien dans de tels moments leur désir de la mort et leur soif de la vie où tout est amour... O mon Dieu, faites donc que je ne vive plus que pour vous, que je fasse toutes mes actions dans l'unique but de vous plaire. Je voudrais que toutes mes pensées fussent pour vous, pour vous toutes les aspirations de mon cœur. »

Marie n'ignorait pas à quelle source s'alimente principalement l'amour divin, nous voulons dire l'Eucharistie. Aussi avait-elle, comme on l'a indiqué plus haut, la plus tendre et la plus amoureuse dévotion envers l'auguste Sacrement, qu'on a si bien appelé le *dogme générateur de la piété catholique*. Ce sont encore ses écrits qui vont nous révéler à cet égard les secrets de son âme ; et nous n'aurons de nouveau qu'un regret, celui de ne pouvoir mettre sous les yeux du lecteur tout ce que sa piété lui a dicté sur ce sujet.

« J'ai communié ce matin, écrivait-elle un jour de jeudi-saint, et deux fois déjà j'ai été adorer Notre-Seigneur au reposoir. Qu'il fait bon de prier ainsi seule dans l'ombre du Sanctuaire ? Qu'il fait bon de parler à Notre-Seigneur, comme au plus tendre des pères, au meilleur des amis ! Je lui ai montré toutes mes misères ; je lui ai demandé beaucoup de grâces ! »

Puis elle ajoute, montrant ainsi quelle etait toujours sa pensée dominante : « Oh ! s'il pouvait me choisir pour une de ses épouses, que je serais heureuse ! Mais je suis indigne d'une telle faveur ; je ne cherche pas assez à lui être agréable ! »

« Grand jour, écrit-elle encore, que celui où

l'on a le bonheur de recevoir son Dieu !... On passerait volontiers la journée au pied du tabernacle !... » Et plus loin : « Personne plus heureux que moi quand le soir, dans le silence de notre église, je suis prosternée aux pieds de mon Dieu ! C'est alors que je lui parle comme un enfant à un père tendrement aimé, et c'est alors aussi qu'il me semble entendre sa voix qui me donne force et courage. »

« Il faisait bien froid ce matin, lisons-nous dans son *Journal*, à la date du 19 décembre, ce qui ne m'a pas empêchée de me rendre à l'église pour y recevoir mon Dieu. O Jésus, vous êtes donc dans mon cœur. Oh ! qui dira les délices du cœur qui vous possède ! Pour moi, lorsque je vous possède ainsi, je suis muette d'amour ; je ne sais rien vous dire ! O Jésus, Jésus, je vous aime. Vous êtes mon bien-aimé, mon seul tout, le désiré de mon âme. Que craindrais-je, quand vous êtes avec moi ?... O Jésus je veux être généreuse. Faites-moi souffrir. N'écoutez ni mes murmures, ni mes gémissements, ni mes supplications. Frappez, frappez toujours. Envoyez-moi surtout l'humiliation ; c'est de cela que j'ai le plus besoin... »

« Dans quelques jours, ajoute-t-elle, nous serons à Noël. O Noël, Noël, reviens donc avec ton étable, avec ta crèche, avec ton Jésus ! O Noël, mystère d'amour ! Oh ! qu'il va faire bon d'aller étudier, près du berceau de l'enfant Jésus, son humilité, son anéantissement, son détachement, sa pauvreté... O divin Enfant, vous parlerez à mon cœur, n'est-ce pas? J'écouterai vos paroles divines, j'essuierai les larmes de vos yeux et vous mettrez un peu de baume sur mon cœur ; ou plutôt je prendrai de vos larmes, elles seront l'huile qui guérira mes blessures. Mais, ô Jésus, donnez-moi surtout un peu d'amour ; oh ! oui, de l'amour, de l'amour : avec cela je serai capable de tout. O Jésus, bénissez-moi. »

Quelques jours plus tard, le 22 janvier, elle écrit :

« Je suis toujours dans ma solitude, au milieu du calme et du silence des bois. Ce calme aujourd'hui a cependant été troublé. C'était chasse à courre. Deux énormes et magnifiques cerfs sont venus se faire admirer des habitants du village, pour mourir ensuite sous nos yeux. L'un même a été tué dans notre jardin. Oh ! comme on pouvait bien dire que ce cerf altéré soupirait après les sources d'eaux vives !... O mon âme, soupires-tu aussi après la véritable source où tu te désaltérerais avec délices. C'est demain que tu dois aller boire à cette divine fontaine ; c'est demain que ton céleste fiancé doit descendre en toi ! Oui, ô mon bien-aimé, je soupire après vous avec les mêmes ardeurs que le cerf altéré soupire après l'eau des fontaines. Venez en moi, venez, venez ; mon cœur est froid, il est pauvre, il est vide de tout amour pour vous ; mais, ô Jésus, mon tout, mon unique bien, vous l'enrichirez, vous le réchaufferez, vous l'ornerez.

« Oh ! faites donc que je vous aime. Vous savez que c'est là ce que je désire le plus au monde. Vous savez que c'est là la demande que je vous réitère chaque fois que je vous possède dans mon cœur. Vous aimer, ô Jésus, voilà l'unique ambition de votre indigne enfant ; mais, vous aimer d'un amour fort, d'un amour inébranlable, d'un amour qui embrasse généreusement toutes les croix qu'il vous plaira de m'envoyer : Faites que je dise toujours en vous aimant toujours davantage : *Fiat voluntas tua.* — A demain, à demain, ô Jésus. »

« Quand je vois, disait-elle un mois plus tard, un beau ciel bleu comme celui d'aujourd'hui, je pense à mon âme, et je désire le plus ardemment possible que son ciel soit aussi sans nuages. Comme les regards du divin Maître s'y arrêteraient avec complaisance ! Je suis allée recevoir ce matin ce céleste fiancé de mon âme. Autant mes communions sont froides à certains jours, autant elles sont ferventes parfois. Celle d'aujourd'hui était de ces dernières. Si moi, pauvre pécheresse, j'éprouve de telles délices quand je possède Dieu dans mon cœur, que devaient être celles des saints, et que doivent être encore celles de toutes les âmes saintes qui se trouvent sur la terre !

« Oh ! celui-là seul qui a goûté ces choses, peut dire combien le joug du Seigneur est doux. Après que l'on a senti le cœur du divin Maître battre contre le sien, comment pourrait-on lui refuser quelque chose ? O Jésus, mon amour, mon éternelle beauté, je vous aime, je vous adore, je veux être à vous toujours, dans le temps et dans l'éternité. Prenez mon cœur, et ne me le rendez jamais. Je vous le donne tout entier, sans réserve, sans condition, sans partage, sans retour... »

La ferveur, l'amour pour le Dieu de l'Eucharistie allait chaque jour croissant dans le cœur de Marie ; et Notre-Seigneur se plaisait à lui faire goûter plus souvent les délices de la sainte table. A certains jours, elle en était tout enivrée et ne savait comment remercier l'hôte divin qui lui faisait sentir à ce point les ineffables douceurs de sa présence. « J'ai reçu mon Dieu ce matin, écrivait-elle en 1887, à la date du 8 mai, et lui seul sait avec quelles délices ! Oh ! mon cœur bat encore d'émotion, en pensant aux célestes plaisirs que procure la présence de Jésus. O Jésus, Jésus, ce matin vous m'avez enivrée. Ce n'était plus moi qui vivais, mais vous qui viviez en moi. J'étais comme si je n'étais plus ; j'étais perdue en vous. Je sentais que vous m'aimiez, et que je vous aimais. Pourquoi donc y a-t-il un terme à de telles joies ? Pourquoi faut-il vous quitter, ô Jésus, pour retourner vers les créatures, qui nous éloignent si souvent de vous. »

Plus l'amour de Jésus grandissait dans l'âme de Marie, plus elle comprenait sa pauvreté spirituelle ; et plus Notre-Seigneur lui donnait, plus elle désirait elle-même lui donner. « Je suis allée me confesser, écrivait-elle le 20 novembre, afin de pouvoir communier demain, en la fête de la Présentation de la très sainte Vierge. Aller recevoir mon Dieu, quelle douce joie pour mon âme ! m'unir à lui, quelle force, quel soutien, quelle consolation, quelle lumière ! Mais, ô doux, ô aimable Jésus, la demeure que vous allez occuper est bien pauvre et bien froide ! Elle n'est pas plus riche que l'étable de Bethléem. Oh ! enrichissez-la, donnez-lui des grâces, échauffez-la ; donnez-moi, ô bon Maître, un peu d'amour pour vous. Oh ! oui, faites que je vous aime, que je vous aime sans mesure, par-dessus tout. Prenez la première place dans mon cœur, ou plutôt prenez mon cœur tout entier. O Jésus, je veux être à vous toujours, toujours, ici-bas et dans l'éternité. — O Marie, qui m'avez adoptée pour votre enfant, bénissez-moi, soutenez-moi, cachez-moi dans votre cœur maternel. »

Après la mort de Pauline, Marie ne manqua jamais de porter son souvenir à la sainte table, et la pensée de cette sœur bien-aimée lui inspirait toujours les sentiments de la plus amoureuse dévotion. Elle se sentait toutefois plus disposée à l'invoquer qu'à prier pour elle. « Je dois aller communier demain à ton intention, petite chérie. Mais tu n'en as plus besoin, bien sûr. Aide-moi par tes prières à bien préparer mon pauvre cœur à recevoir l'hôte divin. » Puis, elle ajoute : « Je lis chaque soir quelques pages d'un livre intitulé : *Pratique de l'amour envers Notre-Seigneur Jésus-Christ*, par saint Liguori. C'est un livre que tu as lu et relu, ma Pauline bien-aimée. Il me plaît beaucoup. Que je voudrais donc, comme il le souhaite, me détacher de toute créature, afin de ne plus vivre que pour Jésus ! »

« Il neige, il neige ! écrivait-elle un jour d'hiver, où elle avait eu le bonheur de communier. Je suis presque aussi triste que le temps ; seule à la maison, avec Jésus cependant... Qu'il est doux à l'âme de sentir Jésus près de soi ! Oh ! si on ne l'avait pas, on mourrait d'ennui ! Être sans Jésus, quel affreux martyre ! — O sœur bien-aimée, qui contemples Jésus face à face, que tu es heureuse ! Prie pour moi, afin que moi aussi j'aie bientôt ce bonheur ! »

IV

LA SAINTE VIERGE

« *Ecce mater tua.* »

« Voilà votre mère. »

(Ev. de S. Jean, XIX, 27.)

Après la dévotion envers Notre-Seigneur dans le sacrement de l'Eucharistie, il n'en est pas de plus chère au cœur du pieux fidèle que la dévotion envers la sainte Vierge. Comment aimer Dieu, sans aimer de l'amour le plus ardent la Vierge incomparable qui est le chef-d'œuvre de sa grâce, l'image si fidèle de ses perfections infinies ? Comment aimer Jésus-Christ, sans aimer Celle qu'il s'est choisie pour mère ? Aussi tous les saints se sont-ils signalés par la piété la plus tendre, la plus filiale envers Marie ; et l'Eglise, dans ses offices liturgiques composés en leur honneur, se plaît à citer, comme un signe de prédestination, ce trait le plus facile à imiter dans leur vie.

La dévotion à la Reine des vierges, avec ses lis et ses roses, avec ses gracieuses oriflammes, ses joyeux cantiques et ses prières si pleines de poésie, avec les touchants emblèmes qui en sont le symbole et l'aimable cortège des vertus dont elle est la féconde inspiratrice, captive surtout la jeune fille chrétienne. Son cœur, resté pur au milieu du monde, comme un lis au milieu des épines, y puise des joies ineffables, en même temps qu'il y trouve une sauvegarde assurée.

Et qui dira les progrès spirituels d'une âme qui se voue au culte de Marie avec toute l'ardeur de ses dix-huit ans ? Rien ne lui coûte, pour plaire à une Mère si tendrement aimée. Prête à tout pour lui prouver son amour, elle accomplit comme en se jouant les plus grands sacrifices. Les moindres désirs de cette Mère chérie sont pour elles des ordres ; elle ne donnerait pas un seul de ses sourires, un seul de ses regards, pour un trésor.

Une seule larme tombée des yeux attristés de sa Mère du ciel suffirait pour faire fuir le sommeil loin de sa paupière ; et si parfois il lui arrive de faiblir dans la lutte incessante qu'elle a à soutenir contre elle-même et contre le monde, il n'y a plus pour elle ni paix ni bonheur, qu'elle n'ait consolé le cœur de Marie en se réconciliant avec Jésus.

Si Dieu la destine à demeurer au milieu du monde, et à porter le poids de l'union conjugale, l'ange du foyer domestique, elle fait la joie et l'honneur de son époux, et ses enfants bénissent la Providence de leur avoir donné une telle mère. Mais ordinairement, une vocation plus sainte et plus sublime est réservée à celles qui se distinguent par une dévotion plus tendre envers la Reine du ciel. Leur place est marquée parmi les vierges « qui suivent l'Agneau partout où il va et chantent le cantique le plus mélodieux qui réjouisse la cité des élus. »

Nous venons de faire l'histoire de Marie Danré. Heureuse et fière d'avoir reçu au baptême le nom de la sainte Vierge, elle se regarda, dès le jeune âge, comme obligée à lui vouer un culte spécial. A défaut de son petit *Journal* de première communion, qui nous eût fourni des preuves touchantes de sa dévotion enfantine envers sa bien-aimée patronne, mais qui est malheureusement égaré, le *Journal* de ses dernières années nous livrera à cet égard les secrets de son cœur.

Déjà on a vu avec quelle empressement elle avait sollicité, dès que l'âge le lui permit, l'honneur d'être admise dans la congrégation des *Enfants de Marie*. Toujours, elle se fit une gloire d'en porter les livrées, un bonheur de réciter quotidiennement son chapelet. Le mois de Mai, les saluts et les processions en l'honneur de Marie, faisaient ses délices.

« O mois de Mai, que tu es cher à mon cœur ! lisons-nous quelque part dans son *Journal*. Je voudrais te voir durer toujours !... Si tu passes, du moins mon amour pour Marie ne passera pas ; au contraire, il ne fera que grandir. O Marie, faites que je vous aime beaucoup, et faites que j'aie un jour le bonheur d'aller là-haut chanter vos louanges... » — « J'arrive du salut, écrit-elle ailleurs ; il y a une assistance assez nombreuse, les chants sont beaux, la lecture me plaît beaucoup... Que l'on est heureux de venir ainsi chaque soir, se reposer aux pieds de Marie, se réfugier dans son cœur, ce cœur si maternel ! Qu'il m'est doux de dire à cette bonne Mère, et mes peines, et mes joies, et mes appréhensions, et mes désirs. Comme elle sait bien nous consoler et guérir nos blessures. Oui, ô Marie, je vous aime : faites que je vous aime toujours, toujours, et avec vous votre divin Fils. »

Une autre année, à la date du 1er mai, elle écrivait, en commençant un nouveau *Journal* : « C'est sous votre protection, ô Marie, que je place ce nouveau cahier ; c'est sous votre maternel regard que j'y écrirai jour par jour l'histoire de mon âme, les joies, les peines qui se la partageront tour à tour. Au commencement de ce beau mois qui vous est consacré, bénissez votre enfant, ô ma Mère, prenez-la sous votre manteau, cachez-la dans votre cœur, et conservez-la pour Jésus. »

Le lendemain elle disait : « Le ciel est pur, les oiseaux chantent, la verdure paraît, tout est en fête. C'est le mois de Marie. J'ai passé ma journée avec ma mère, tout en fredonnant des cantiques à mon autre Mère. Je viens de mettre quelques fleurs au pied de sa statue chérie, et je me prépare à aller chanter ses louanges là-bas, dans notre petite chapelle, au pied de son autel... Que de grâces j'ai à demander à cette bonne Mère, pendant tout ce mois ! Oh ! je vais tant et si bien la prier, qu'il faudra qu'elle m'exauce. Est-ce qu'une mère peut rejeter la prière d'une enfant bien-aimée ; oui, bien-aimée, elle m'en a déjà donné bien des preuves. Je suis une gâtée de Marie. Aussi je l'aime, ma Mère, et j'aime Jésus. Jésus, Marie, soyez toujours mes seuls amours. Soyez ma boussole ; soyez le soleil de mon cœur. Éclairez-le, échauffez-le. »

Lorsque Marie avait quelque grâce à demander,

c'était d'ordinairement par la sainte Vierge qu'elle la sollicitait de la divine bonté, et elle le faisait dans des termes si pleins de confiance qu'elle trouvait infailliblement, sans doute, le chemin de son cœur.

La sainte Vierge était aussi la confidente de tous les secrets de sa conscience. Marie lui avouait avec une naïve simplicité les fautes quotidiennes qu'elle avait à se reprocher, et qui échappent, dit l'Esprit-Saint, sept fois le jour, même aux âmes les plus saintes. Bien souvent, le soir, avant d'aller prendre son repos, elle écrivait à ses pieds sa petite confession de la journée, qui se terminait toujours par une fervente aspiration à cette tendre Mère. « Je suis, écrivait-elle un jour, je suis d'une impatience depuis quelque temps!... Je ne puis souffrir d'être contredite en quoi que ce soit! C'est désolant, et si la sainte Vierge ne vient pas à mon aide, je ne sais vraiment pas ce que je deviendrai! »

« Me voilà encore revenu dans ma solitude, disait-elle un autre jour. J'ai été célébrer à Saint-Gobain la fête de l'Immaculée-Conception, fête que je chéris entre toutes les fêtes de la sainte Vierge. Je m'y étais préparée, je ne dirai pas aussi bien que je l'aurais pu ; car mon vilain caractère a encore eu le dessus bien des fois. Mais enfin, j'avais fait quelques efforts ; et le matin, dans ma communion, j'ai promis à Notre-Seigneur d'en faire encore davantage pour le recevoir le jour de Noël. Puisse ma bonne Mère du ciel m'aider à ce travail ! »

« Rien ne va bien en ce moment, lisons-nous ailleurs, il me semble toujours que le bon Dieu ne m'aime pas, que je ne suis pas en grâce avec Lui. O mon Dieu, mon Dieu, détrompez-moi. O Marie, ô ma bonne Mère, ouvrez-moi votre cœur, que je m'y réfugie pour toujours ; et que toujours vous m'accordiez votre sainte et puissante protection. »

C'est à la sainte Vierge encore que Marie aura recours surtout pour connaître définitivement sa vocation, et obtenir le courage d'y répondre. Que de fois, pour cela, elle ira s'agenouiller au pied de son autel ! Que de fois, à cette intention, elle récitera son rosaire ! Que de fois, dans ses actions de grâces après la communion, elle se recommandera à cette tendre Mère !

Qu'on en juge par les lignes suivantes, écrites dans un moment de grande perplexité au sujet de sa vocation : « Marie, ma Mère chérie, vous que j'ai encore tant priée ce soir et avec tant de confiance, éclairez-moi, soyez mon étoile, prenez-moi par la main et conduisez-moi toujours, toujours, toujours. » Un peu plus tard, encore dans la même situation d'esprit, elle ajoute : « O Marie, j'espère en vous ; sans vous je suis incapable de rien faire de bien. Je veux que ce soit vous désormais qui parliez par ma bouche, et qui éclairiez celui que vous avez sans doute déjà choisi, pour me diriger dans la voie que je dois prendre et suivre jusqu'à la mort... Mon âme, ô Marie, est dans une agitation extrême ; calmez-la, mettez-y un peu de paix et dites-lui bien qu'avec vous elle n'a rien à craindre. O Marie, vous qu'on n'a jamais invoquée en vain, écoutez ma prière, et exaucez-la quoique je me reconnaisse indigne de vos bienfaits. »

Nous avons vu, au chapitre précédent, que le

souvenir de Pauline venait se marier doucement, dans le cœur de Marie, à celui du Dieu de l'Eucharistie, qui lui était presque habituel. Nous pourrions faire la même remarque au sujet de ses actes de piété, si fréquents aussi, envers la sainte Vierge ; il était bien rare que le nom de Pauline ne vînt pas s'y mêler, comme le parfum des fleurs et de l'encens se mêle à nos prières dans le sanctuaire. On aime à retrouver, presque à chaque page de son *Journal*, cette touchante association des sentiments légitimes de la nature et de ceux de la grâce !

Un soir de mai, elle écrivait au retour du salut : « On a chanté, tout à l'heure, un cantique que j'affectionne tout particulièrement ; c'est : *Aimer Marie est mon désir*. Je le répéterais et je l'entendrais chanter toute la journée, que je ne me lasserais pas. Si l'on est ainsi charmé, sur la terre par un cantique, combien doit-on l'être là-haut ; là-haut, où règne une harmonie infinie... O sœur chérie, tu jouis de ce bonheur ! tu contemples Dieu ! tu mêles tes louanges à celles des anges et des saints ! Quand donc irai-je m'unir à toi ! Ah ! j'ai comme le pressentiment !!... »

Ailleurs, nous lisons à la date du 8 décembre : « Aujourd'hui vingt et un mois que nous avons perdu notre cher ange ! O sœur bien-aimée, pourquoi nous as-tu quittés si tôt ? nous t'aimions tant ! Il est bien triste de vivre sans toi, de pleurer sans toi, de se réjouir sans toi ! Bien sûr que toi, tu n'as plus de regrets ! Il fait si bon, n'est-ce pas, au ciel ? C'est grande fête aujourd'hui. Chante, chante, ô ma sœur, les louanges de Celle à qui nous avons été consacrées dès notre enfance, et que nous avons toujours tant aimée. Oh ! en ce jour de fête, prie-la pour ta sœur. Demande-lui de faire de moi, non pas une sainte à canoniser, mais une sainte qui demeure inconnue, et qui aille cacher derrière les grilles d'un cloître le peu qu'elle fera pour Dieu. Bonsoir. Dis à Marie de me bénir, de me protéger. Je suis et veux être toujours sa fille. »

« Que je voudrais, écrivait-elle un autre soir de décembre, être petit oiseau, pour aller chanter un affectueux bonsoir sous la fenêtre de tous ceux que j'aime... O sœur chérie, quel bonheur quand je te retrouverai là-haut. Mais l'aurai-je,

ce bonheur? Dis à Dieu de me bénir, et à la sainte Vierge de me protéger toujours, toujours! »
— « Dis à Marie, ô ma Paulinette bien-aimée, « combien je suis jalouse de ton bonheur, et que « je veux à tout prix le partager! »

On voit quelle large place la sainte Vierge occupait dans le cœur de Marie. Aussi regrettons-nous sincèrement de ne pouvoir, malgré tout le plaisir que nous trouvons nous-même à parler de ce sujet, nous y étendre ici davantage. Mais la suite de notre récit nous donnera encore bien souvent l'occasion de manifester l'amour et la confiance que Marie témoignait en toute rencontre à sa Mère du ciel.

V

LA VIE RELIGIEUSE ET LE MONDE

« *Notam fac mihi viam in qua*
« *ambulem.* »

« Faites-moi connaître la voie
« que je dois suivre. »

(Ps. CLXII, 8.)

On a remarqué dans les pages précédentes, que Marie avait un attrait secret pour la vie religieuse et désirait vivement se consacrer à Dieu dans cet état. Ce désir et cet attrait dataient même, ainsi que nous l'apprend son *Journal*, de ses plus tendres années. Mais elle ne s'en était jamais ouverte ni à sa famille, ni même au directeur de sa conscience : elle attendait que celui-ci abordât ce sujet le premier, et lui révélât au nom de Dieu sa vocation. Il lui semblait qu'elle serait ainsi deux fois certaine d'être réellement appelée de Dieu à ce genre de vie.

« Je n'ose, écrivait-elle, aborder cette question avec mon confesseur. Je voudrais qu'il m'en parlât le premier. O Marie, je vous en supplie, obtenez-moi cette grâce. Ne la refusez pas à celle qui se reconnaît la plus indigne de vos enfants. » Nous verrons bientôt comment cette prière fut exaucée.

Jusque-là, elle se contente de réfléchir beaucoup, de peser le pour et le contre, et de recommander à Dieu cette grave affaire, en la mettant sous la protection de la très sainte Vierge et de saint Joseph. On voit par son *Journal* qu'elle en était constamment préoccupée, et qu'elle demeurait toujours hésitante, quoique beaucoup plus portée à renoncer au monde et à se donner tout à Dieu.

« Je me désole, écrit-elle à la date du 22 mars 1886, de ne pas connaître encore la voie que je dois suivre. Ce vague qui est en ce moment dans mon âme me fait affreusement souffrir. Mais, ô mon Dieu, pourquoi tant me tourmenter, puisque vous me conduisez par la main ? Il est vrai que vous ne vous révélez qu'aux humbles ; en ce cas, l'heure où vous vous montrerez à moi est encore bien éloignée, car je suis bien orgueilleuse. »

« Plus je réfléchis, écrit-elle un peu plus tard, plus il me semble que le bon Dieu ne m'appelle pas au mariage. Et pourtant, comme il faut que je veille sur mon cœur ! Tenez, hier soir, je ne sais plus au juste à quel propos, une de mes cousines me dit qu'elle avait entendu parler d'un parti qui me conviendrait bien. J'ai senti un certain trouble s'emparer de mon imagination et de mon cœur... Que j'étais sotte ! un jeune homme que je ne connais pas, et qui ne me connaît pas !... Rentrée dans ma chambrette, je me suis bien vite jetée au pied de mon crucifix, et j'ai prié, et la prière m'a rendu le calme. Aujourd'hui, je ne pense plus à rien de tout cela.

Un peu plus loin, nous cueillons ce mot charmant : « Je pars demain avec mes parents. Nous avons pour garder la pharmacie, un jeune étu-

7

diant de Paris, qui est arrivé à une heure. Depuis, papa me tient les yeux ; il n'est occupé qu'à me regarder. Il n'a cependant rien à craindre ! »

« O mon Dieu, si vous me voulez dans votre ciel de la terre, je suis prête à répondre à votre appel. Je n'ai pas de santé, c'est vrai ; mais si je meurs jeune, ce que je crois, j'aurai plus tôt l'ineffable bonheur de vous contempler et d'unir mes faibles louanges à celles de tous les saints, en particulier à celles de ma sœur chérie. »

Ailleurs elle écrit : « En ce moment je suis seule dans ma chambrette. J'y voudrais rester toujours ; il y fait si bon ! Oh ! si j'avais la santé, que volontiers j'échangerais cette chambrette pour une cellule de religieuse. Ne désespérons pas, la sainte Vierge peut me guérir. »

La santé de Marie, toujours frêle et délicate, paraissait être, en effet, un obstacle insurmontable à son entrée en religion. Mais au cours de l'année 1886, elle sembla s'améliorer d'une manière sensible, et permettre à son confesseur de diriger définitivement ses pensées vers le but de toutes ses aspirations et de tous ses désirs : « Dites-lui, écrivait-il à son père, que si Dieu lui donne la santé, c'est à lui, non au monde, qu'elle la doit consacrer. Je lui conseillerais même d'en faire, dès aujourd'hui, sinon le vœu, du moins la promesse formelle ; on aviserait ensuite au moyen de la réaliser. »

Marie transcrivant sur son *Journal* ces lignes qui comblaient tous ses vœux, ajoutait :

« C'est donc à la vie religieuse que vous m'appelez, ô mon Dieu, puisque c'est votre ministre qui me le dit. Eh bien ! me voici. Je me donne à vous. Je fais la promesse formelle de n'être jamais qu'à vous seul, de n'avoir jamais d'autre époux que vous. Puissiez-vous, ô Marie, bénir cette promesse et ne point permettre que je l'oublie jamais !... Mon cœur palpite d'émotion en écrivant ces lignes. Oui, c'en est fait ; je n'ai plus à hésiter entre le monde et Dieu... Jésus-Christ pour époux avec sa croix maintenant, et plus tard avec ses délices éternelles ! — O vierges de la terre, qui avez renoncé aux faux biens et aux faux plaisirs de la vie, réjouissez-vous, une nouvelle compagne se prépare à aller se joindre à vous. Mais en attendant cette union, après laquelle elle soupire, priez pour elle, afin qu'elle soit moins indigne de Celui qu'elle a choisi. »

Il ne faut pas croire cependant qu'à partir de là Marie n'ait plus connu, au sujet de sa vocation, l'hésitation et la lutte. Tout au contraire, elle passa de nouveau par les plus grandes perplexités.

« La veille de l'Assomption, écrivait-elle, j'ai demandé à mon confesseur si véritablement il me croyait appelée à la vie religieuse. Sa réponse fut nettement affirmative, et conçue dans des termes qui ne souffraient pas de réplique. Je sortis du saint tribunal tout émue, et, depuis ce moment, il me semblait être entrée dans une vie tout autre. Mon âme est dans une agitation continuelle. Je crains de n'avoir pas le courage de me faire religieuse... Si encore ma pauvre sœur vivait, mon départ ne serait pas si difficile. Mais comment, dans un an peut-être, apprendre cette décision à mes grands-parents ? O Marie, ma bonne Mère, je me confie en vous, secourez-moi »

A chaque instant, la nature revenait à la charge, et lui livrait de nouveaux combats. Il semblait même parfois qu'elle allait prendre le dessus et triompher de la grâce ; mais finalement la victoire demeurait toujours à la grâce. Il ne sera peut-être pas sans profit, pour certaines âmes, de placer sous leurs yeux le récit que Marie nous a laissé de ses dernières luttes.

« Je n'ai jamais, s'écriait-elle, autant senti l'appel divin, et je crois que jamais je n'ai autant essayé de résister. Je m'effraye des sacrifices à faire : séparation de ma famille pour le reste de mes jours ! ne jamais revenir sous le toit paternel ! quitter tout ce qui m'appartient, pour vivre en pauvre, sans posséder plus rien à moi !... Mais, ô mon Dieu, je vous entends qui me dites : Qu'est-ce que tout cela en retour de ce que j'ai fait pour toi ? Ne te donnerai-je pas, dès ici-bas, le centuple de ce que tu me donneras toi-même? Oh ! sois généreuse, aime-moi davantage... »

D'autres fois, pour s'assurer encore mieux de sa vocation, Marie se plaçait elle-même par la pensée en face de certaines situations qu'elle regardait, à bon droit, comme décisives en cette matière : « S'il arrivait qu'on me proposât, lisons-nous dans son *Journal*, à la date du 14 janvier 1887, tel ou tel beau mariage, que répondrais-je ? Oh ! quelle lutte s'engagerait alors dans mon âme ! Certainement, si je ne me sentais un soutien je reprendrais, hélas !... faut-il achever ?... ce cœur que j'ai donné à Dieu, cet amour sans partage que je lui ai voué. Ma vocation à mes yeux n'est donc pas bien affermie... et j'en gémis tous les jours... Je pense aussi à l'isolement dans lequel je me trouverai, en entrant dans une communauté que je n'aurai jamais connue. J'éprouve un serrement de cœur, en pensant qu'il faudra dire un éternel adieu à la maison paternelle, quitter mon très bon père, ma mère chérie, ces vieux parents qui n'ont plus que moi, tous ces amis que j'aime tendrement, tous ces mille et mille objets auxquels notre cœur s'attache si facilement ! Quitter sa volonté pour ne suivre jamais que celle des autres, se renoncer en tout et toujours, mourir à ses goûts, à ses inclinations, à ses caprices. En un mot, embrasser la croix, voilà le partage de l'épouse de Jésus-Christ !... Mais avec cette croix, qu'y a-t-il ? Oh ! il y a Jésus, et avec Jésus ses divines et toutes délicieuses et toutes suaves consolations !

« O mon pauvre cœur, est-ce que Jésus ne te suffit pas ? Que te faut-il encore ? Oh ! donne-toi donc à lui pour toujours ; jure-lui d'être toujours sa propriété ; jure-lui que nul autre amour que le sien n'y allumera ses feux ! O feu de l'amour de mon Dieu, embrasez mon âme ; que cette âme soit comme une fournaise ardente, un creuset où s'épureront toutes mes pensées, tous mes désirs, tous mes actes, avant d'être offerts à Jésus. Jésus, Jésus, je vous aime... Je suis à vous maintenant, et toujours ; sur cette terre d'abord, et ensuite dans votre éternité. O beau ciel, quand te verrai-je ? quand te posséderai-je ? Là, je serai à l'abri ; je ne craindrai plus les attaques de l'ennemi... Marie, ma mère, bénissez-moi, je suis et veux être toujours votre enfant. »

« Je suis toujours indécise, dit-elle un peu plus tard, quant à la voie que je dois suivre. Oh ! quelle lutte, dans mon pauvre cœur, entre la nature et la grâce! La nature, qui a peur de la séparation, des croix de la vie religieuse, de cette soumission totale a la volonté des autres, de ce dépouillement complet de soi-même, de toutes ces austérités corporelles qu'il faudra faire... ; la grâce, qui montre la beauté, la grandeur du choix que je fais, toutes les délices intérieures que je goûterai, même au milieu des croix, la récompense éternelle qui me sera donnée, si j'ai vaillamment combattu... Oh! que je souffre à certains jours. »

« Aujourd'hui, écrit-elle encore, le désir de partir au couvent, et bientôt, m'est revenu plus ardent que jamais. Je ne pourrais vraiment dire ce qui se passe en moi en ce moment. Tantôt c'est une hésitation des plus grandes pour me faire religieuse ; tantôt, au contraire, c'est le plus vif désir de partir tout de suite. — O Marie, c'est à vous que j'ai recours. Protégez-moi, guidez-moi, conduisez-moi à Jésus, le seul but que je poursuive toujours. »

« O Marie, lisons-nous un peu plus loin, j'espère en vous. Je suis incapable de rien faire de bien ; je veux que ce soit vous qui parliez par ma bouche, et qui éclairiez celui que vous avez sans doute déjà choisi pour me diriger dans la voie que je dois prendre et suivre jusqu'à la mort. — Mon âme, ô Marie, est dans une agitation extrême. Calmez-la, mettez-y un peu de paix, et dites-lui bien qu'avec vous elle n'a rien à craindre. — O Marie, vous qu'on n'a jamais invoquée en vain, écoutez ma prière et exaucez-la, tout indigne que je suis de vos bienfaits. »

VI

L'APPEL DIVIN

« *Audi, filia, et vide, et in-*
« *clina aurem tuam.* »

« Ecoutez, ma fille, ouvrez
« les yeux, et ayez l'oreille
« attentive à ma voix. »

(Ps. XLIV, 11.)

Peu à peu cependant, la conviction, une conviction bien arrêtée, se forma dans l'esprit et le cœur de Marie. Elle ne douta plus de sa vocation, et, en dépit de toutes les impossibilités prétendues, qu'alléguait pour l'en détourner l'ennemi du salut, elle prit l'inébranlable résolution d'y répondre, coûte que coûte : « Décidément, écrivait-elle en novembre 1886, Dieu me veut à lui dans la vie religieuse. Je dois lui consacrer tout mon être : mon cœur, en le lui donnant sans partage; ma volonté, en l'unissant constamment à la sienne, en la soumettant à celle de mes supérieures. Oh ! oui, il faut à mon caractère indépendant le joug de la vie religieuse ; il faut me plier à l'obéissance, moi qui suis si rebelle au commandement. »

Le mois suivant, elle écrivait : « Nous allons entrer en 1887. J'espère bien que 1887 me verra partir au couvent. Oh ! qu'il y a des moments ou j'ai le désir de partir. O mon Dieu, faites que j'aille à vous bientôt, que je me courbe sous votre joug. Cette vie dans le monde, cette vie de dissipation me pèse... Quand donc serai-je derrière les grilles, loin à jamais des regards des hommes, vivant uniquement pour Dieu ! »

Marie s'appliqua dès lors avec un nouveau zèle à la pratique des vertus religieuses, de l'humilité surtout et de l'obéissance, qu'elle sentait lui être plus nécessaires. Nous lisons dans son *Journal* des réflexions telles que celles-ci : « Oh ! que je suis peu docile aux leçons du divin Maître, et que je suis encore peu avancée dans l'humilité, la patience, la douceur, la charité, le détachement!... J'ai surtout besoin d'abattre mon orgueil. Il faut que je lui fasse une guerre sans trêve ni merci. Il faut que je le poursuive *jusque dans ses plus petites cachettes*, comme le chien à la poursuite d'un gibier et qui ne craint ni les ronces ni les épines. O Jésus, c'est en grâce que je vous demande l'humilité. Je sais que sans elle je n'obtiendrai rien. Vous ne me donnez rien, vous me laissez toujours aussi pauvre, parce que je ne suis pas humble.

Et à ces réflexions elle ajoute les résolutions suivantes : « Je ne veux vivre que pour Jésus, par Jésus, avec Jésus, en Jésus. — Je veux vivre continuellement sous son divin regard, faisant mes actions comme il les aurait faites lui-même, répétant chaque jour aussi souvent que je le pourrai : Mon Dieu, je vous aime. — Je veux abattre mon orgueil ; acquérir, à quelque prix que ce soit, un peu d'humilité. Chaque fois qu'il s'élèvera en mon âme une pensée d'amour-propre, je porterai mes regards vers Jésus crucifié. — Je veux chaque fois qu'on me commandera quelque chose, agréable ou non, le faire sans réplique: — Je ne laisserai passer aucune occasion de me mortifier, soit intérieurement, soit extérieurement. Je ne veux rien refuser à Jésus, mais lui donner sans calculer tout ce qu'il me demandera. »

Restait à décider dans quelle communauté Marie se consacrerait à Dieu. On a vu qu'elle se sentait portée de préférence vers les religieuses dites de Marie-Réparatrice. Une première visite, faite, vers la fin de l'année 1886, à un de leurs couvents, l'avait encore affermie dans ce choix ; la lecture de la vie, si courte mais si édifiante, de la sœur Marie du Cœur-de-Jésus, dans le siècle Mlle Valentine Riant, religieuse de cette congrégation, acheva de l'y déterminer.

« Je lis en ce moment, écrivait-elle, la vie, hélas ! trop courte, de Mlle Valentine Riant. Rien ne m'humilie, ne m'abaisse, ne me rend petite, comme cette lecture. Quelle différence entre cette jeune fille et moi ! Différence comme entre le jour et la nuit ! Rien chez moi n'est achevé ; tout n'est qu'ébauché. J'ai de la volonté ;

mais hélas ! quelle volonté pour le bien ! Elle devient faiblesse devant le plus petit obstacle. — J'ai un cœur aimant ; mais quel amour a-t-il pour Notre-Seigneur ? Je ne sais faire pour lui aucun sacrifice. — J'ai de l'intelligence ; mais je ne m'en sers pas pour connaître Dieu davantage. Oh ! je suis pauvre, trois fois pauvre ? Et Valentine était riche, riche de tout ce qui peut attirer les regards de Dieu. »

Nous nous trompons fort, ou voilà, pour le dire en passant, une humilité vraie et bien entendue. Elle reconnaît les dons que Dieu lui a départis, mais elle avoue qu'elle en a fait un maigre usage. Et puis, elle ne se décourage pas. « Je ne veux pourtant pas, ajoute Marie, me laisser décourager. Je veux travailler sans relâche à plaire, un peu d'abord, et ensuite beaucoup, à Celui qui me fait l'insigne honneur de m'appeler à lui. Être religieuse, épouse de Jésus-Christ, quel honneur, en effet ! Réparatrice des outrages qu'on lui fait subir, quel nouvel honneur magnifique ! Ce soir, au moment où le Saint-Sacrement était exposé sur l'autel, mon cœur s'est comme enflammé. J'étais comme hors de moi-même en pensant que dans un an peut-être je serai prosternée devant l'ostensoir, rendant mes faibles hommages à Jésus-Christ ! J'ai remarqué très souvent que je ne sais bien prier qu'au pied du tabernacle, car alors je sens d'une manière plus vive que Dieu est là qui m'écoute et me répond...

« Mais je m'aperçois que je laisse trop errer ma plume. Si on lisait ces lignes, on me prendrait pour une véritable exaltée. Oh ! non, je ne suis pas folle, mais je voudrais qu'on dît de moi, *elle est folle de Notre-Seigneur*. O mon Jésus, je vous aime. Vous m'avez appelée, me voici ; me voici, avec ma volonté, avec mon cœur, avec toutes mes misères. Prenez tout cela, et purifiez-le dans le feu qui consume votre Cœur sacré. Dix heures sonnent, je vais prendre mon repos ; je remets mon âme entre vos mains. »

A mesure qu'approchait pour Marie le moment de dire adieu au monde, ou plutôt à sa famille et à ses amis (car le reste lui importait bien peu) ses angoisses redoublent, son cœur se resserre plus que jamais, et la livre de nouveau à toutes les appréhensions des premiers jours : « Je n'ose encore, écrit-elle, envisager le moment des adieux. Il me semble qu'ils seront déchirants ! Quitter le foyer paternel, pour n'y plus jamais revenir ; quitter ses parents, avec la certitude de n'être pas là pour leur fermer les yeux ; n'est-ce pas en effet déchirant pour le cœur d'une enfant !... »

Mais la voix de Jésus, cette voix plus douce que toutes les harmonies de la terre, la rassure, et elle l'entend qui lui dit au fond de son âme : « Sois donc en paix. Ces parents que tu me sacrifies, c'est moi qui en prendrai soin, c'est moi qui les consolerai. Avec ma promesse, que crains-tu ? Crains-tu encore les croix de la vie religieuse? Il y en a bien d'autres dans le monde, et des croix sur lesquelles on ne trouve pas Jésus ; mais toi, avec la croix, tu es sûre de me posséder. La croix, c'est l'unique trésor des âmes qui veulent m'être agréables, ô enfant que j'ai engendrée au Calvaire. Sois donc généreuse, donne-toi à moi sans partage, fais-moi le sacrifice de toutes tes affections, mortifie ta volonté, combats ton

8

orgueil, ton amour-propre, pratique toutes les vertus que j'ai pratiquées moi-même, et alors je viendrai à toi, les mains pleines de grâces, et je me donnerai moi-même tout entier à toi, tu vivras de ma vie déjà ici-bas, en attendant de vivre éternellement là-haut avec moi. »

On lira volontiers le témoignage que rendaient de Marie, à l'époque où nous sommes de sa vie, les religieuses de Saint-Gobain, avec lesquelles elle aimait à passer ses heures de récréation : « Ses conversations roulaient presque toujours sur la piété et les pratiques de la vie religieuse. C'était une âme vraiment généreuse et qui n'aurait pas reculé devant les sacrifices. Son caractère ardent était l'objet de ses continuels efforts, et chaque jour, elle travaillait à devenir plus douce, plus souple, par amour pour Notre-Seigneur, à qui elle voulait se consacrer tout entière.

« L'an dernier déjà, elle s'essayait aux exercices de la vie religieuse : Lever de bonne heure, méditation, chapelet, visite au Saint-Sacrement, pratiques de mortification, etc. Servir Dieu le plus parfaitement possible, c'était son unique désir. Ame vraiment pure et sincèrement pieuse, le monde n'était rien pour elle ; elle voulait n'appartenir qu'à Dieu et ne cherchait de satisfaction qu'en lui. Voilà ce que nous pouvons dire de la bonne jeune fille qui vient de nous quitter. Si ce n'étaient ses chers parents, qu'elle a laissés dans le plus grand chagrin, il nous semble que nous ne pourrions nous affliger de ce qu'elle a si tôt échangé la terre avec le ciel. »

On peut ajouter à ce témoignage que, à dater de cette même époque, les pensées de Marie devenaient plus graves encore et plus sérieuses. Sans cesse elle revient dans ses écrits sur la mort sur les jugements de Dieu et le compte redoutable qu'elle aura à lui rendre de tant de grâces reçues, de tant de fautes commises, sur la rapidité du temps et la nécessité de l'employer tout entier au service de Dieu et à la sanctification de son âme.

« 1886 est tombé dans l'éternité, écrivait-elle, après avoir vu mourir bien des êtres et en avoir vu naître bien d'autres. Il a emporté avec lui et nos joies et nos peines, et nos bonnes actions et nos mauvaises. Tout, jusqu'à la moindre de nos pensées, durant l'année qui vient de finir, a été marqué sur le livre de vie. Et, pour 87, la page est déjà commencée. Oh ! que de bonnes résolutions à prendre au retour d'une nouvelle année.

Promettre à Dieu de tenir constamment ma volonté unie à la sienne; d'être fidèle à toutes les inspirations de sa grâce ; de faire généreusement sans compter, sans reculer tous les sacrifices qu'il me demande ; marcher toujours sous son regard ; vivre en sa sainte présence avec le plus de recueillement et d'amour possible !! »

« J'aime beaucoup, disait-elle en parlant du cimetière, aller visiter ce triste lieu. Que de réflexions il suggère !... Voilà pourtant où j'irai un jour, se dit-on... Et que reste-t-il de tous ceux que nous avons connus, que nous avons aimés ? Que verrait-on, si l'on ouvrait toutes ces tombes? Hélas ! on verrait des amas de chairs pourries, quelques cendres, quelques os épars !... Oh ! que nous sommes donc peu de chose ! qu'est-ce donc que la vie ! Pourquoi tant aduler ce corps, destiné à devenir la pâture des vers ! Pourquoi ne pas vivre pour Dieu seul ? »

C'est alors, plus que jamais, que nous voyons Marie profiter de tout pour s'élever à Dieu ; ce qui était le grand secret des saints et faisait de leur vie comme un acte perpétuel d'amour. Les feux du soleil d'été et les grondements de la foudre, les jours tristes et sombres de l'hiver, aussi bien que les jours embaumés du printemps, la verdure des bois, le doux murmure des ruisseaux, le chant des oiseaux, la gracieuse parure des fleurs, tout prenait une voix pour lui parler de Dieu ; et cette voix trouvait toujours dans son cœur un fidèle écho.

« Qu'il faisait bon dans la forêt ! quelles délices j'éprouvais à respirer les parfums de cette verdure ! quelles délices à contempler ce beau ciel bleu, à écouter le chant joyeux des oiseaux !... Lorsque je suis ainsi dans le ravissement, en voyant la nature si belle, il me semble que le regret sera bien grand d'être obligé de quitter la vie ! Mais, qu'est-ce que tout cela, ô mon Dieu, comparé à ce que vous nous réservez là-haut ! »

« Ce matin, dit-elle ailleurs, il faisait un temps magnifique. Le soleil s'était levé radieux et me faisait parvenir jusque sur mon oreiller ses plus beaux rayons. Mais voici que tout à coup le ciel s'assombrit, les nuages s'amoncellent, le tonnerre gronde, la pluie tombe à flots!... C'est là, me suis-je dit, l'image de la vie : tout sourit à notre berceau ; mais, déjà dans l'adolescence, que d'espérances déçues, quand elles n'ont pas eu Dieu pour objet ! »

Et plus loin : « Il a fait aujourd'hui un temps superbe, et ce soir tout est calme. Le calme, c'est l'apanage de notre délicieuse petite vallée à cette heure. On n'entend là, dans ma chambre, que le babil d'un petit bébé, notre voisin, le chant du cri-cri et celui de quelque oiseau nocturne. Le ciel commence à étinceler de mille feux. C'est un spectacle grandiose que celui de la nature à son réveil ; mais qu'il est beau surtout quand tout s'endort ! Pas une feuille qui s'agite ; les oiseaux ont cessé leurs gazouillements, le sommeil a fermé leurs paupières. Et nous autres, pauvres mortels, nous respirons l'air rafraîchi du soir, en attendant d'aller prendre notre repos ! »

Voici maintenant l'hiver, avec les réflexions qu'il suggère à l'esprit de Marie, ou plutôt à son cœur. « La neige couvre la terre depuis hier. Ce nouvel aspect de la nature me plaît beaucoup! Que je me sens heureuse, quand je me trouve là près d'un bon feu, dans une charmante chambrette bien close!... Mais, que de pauvres malheureux se trouvent, à l'heure qu'il est, sans feu, sans pain, et même peut-être sans vêtements! On serait vraiment tenté de se demander parfois pourquoi le bon Dieu a fait le riche et le pauvre; qu'avais-je fait, moi, pour être ainsi choyée? Ah! que j'aurai un long purgatoire à faire! »

Puis, toujours, avec le souvenir de Dieu, le souvenir de sa Pauline bien-aimée.

« J'ai fait une grande promenade de une heure et demie à travers les bois, lisons-nous quelque part à la date du 10 mai. Que l'air est bon à respirer en ce moment! Il est tout imprégné des senteurs du printemps. J'ai cueilli un bouquet de muguet, et quelques branches d'aubépines. Ma pensée était bien souvent avec toi, ô Pauline chérie ; et mon cœur se serrait en songeant que la dernière fois que j'avais traversé ce chemin, tu étais là à côté de moi. Nous courions alors comme deux petites folles, riant à qui mieux mieux, et nous taquinant à l'occasion. Où donc est ce temps ? »

Mais fermons cette parenthèse un peu longue, et revenons à la vocation de Marie.

VII

LA RETRAITE

« *Ducam eam in solitudinem;*
« *et loquar ad cor ejus.* »

« Je la conduirai dans la soli-
« tude, et je parlerai à son cœur. »

(Osée, II, 14).

La vocation de Marie est décidée; elle sera religieuse : le choix de la communauté est arrêté : elle sera religieuse de Marie-Réparatrice. Mais elle veut donner à cette double détermination une consécration encore plus authentique, en la pesant pour ainsi dire au poids du Sanctuaire, en l'examinant à la lumière de la retraite.

La retraite spirituelle, ce puissant moyen de sanctification, était d'ailleurs dans ses habitudes. Après sa sortie du pensionnat, elle la fit assez régulièrement chaque année, au couvent de la Croix de Soissons, avec les anciennes élèves de la maison, qui l'accueillaient volontiers comme une des leurs. Son *Journal* renferme là-dessus des pages que nous regrettons de ne pouvoir mettre sous les yeux de nos lecteurs. Résumé des instructions, revue sérieuse de sa conscience, résolutions généreuses, aspirations brûlantes et prières pleines de ferveur, tout y est du plus haut intérêt ; aussi n'avons-nous pas été surpris d'apprendre, après les avoir parcourues, que maîtresses et élèves du couvent de Soissons avaient gardé des retraites de Marie un souvenir des plus édifiants.

Mais revenons à celle qui va décider de sa vocation religieuse, et laissons-la nous dire dans quelles dispositions d'esprit et de cœur elle en entreprit les saints exercices.

Nous ne craindrons pas de laisser paraître ici les sentiments plus ou moins imparfaits qu'elle se reproche ; d'abord, parce que c'est déjà beaucoup de se les avouer et de se les reprocher quand on les éprouve, et puis, parce qu'il y a lieu de croire que Marie prenait, dans cette circonstance comme en beaucoup d'autres, pour les vrais sentiments de son cœur et des actes de sa volonté, ce qui n'était au fond que de simples imaginations ou des suggestions de l'esprit mauvais.

« Je reprochais presque, tout à l'heure, à la très sainte Vierge l'état de délaissement dans lequel elle laisse mon âme. Mais j'ai cru entendre cette réponse : C'est la volonté de Jésus. Pourquoi donc mon âme est-elle encore dans une si grande agitation ? Si je sonde sérieusement mon âme, je trouve que ce trouble vient de l'orgueil, de ce détestable orgueil dont je suis toute remplie, et qui doit me rendre si désagréable aux yeux du bon Dieu.

« Je tremble, parce que je vais aller faire ma retraite et que j'y serai humiliée. Il me faudra causer longuement avec le Père et la Religieuse qui me dirigeront, et je crains de passer à leurs yeux pour une jeune fille sans beaucoup d'intelligence, sans beaucoup de jugement, de laquelle on ne peut espérer tirer grand'chose. O mon Dieu, si on pensait cela, on penserait juste. Que suis-je ?

« Il me faudra donner mes raisons et mes attraits, quant à la vocation que je veux suivre, et je crains qu'on ne dise que tout cela ne vaut rien et qu'une vocation n'est pas assise sur des fondements si peu solides. Toujours et toujours l'orgueil qui parle, qui agit, et qui est la seule cause de mon trouble.

« Mais si Dieu me veut à lui, il saura bien éclairer les personnes qui me guideront. Pourquoi donc, encore une fois, tant me tourmenter ? O Jésus, parlez-moi, consolez-moi ; que je vous entende me dire : Mon enfant, viens donc vers moi en toute confiance, abandonne-toi à moi sans réserve ; aie pour moi un amour fort, généreux ; aie toujours un grand mépris de toi-même, c'est le moyen d'attirer sur toi mes grâces les plus abondantes. O mon enfant, courage, confiance. Cache-toi dans mon cœur, qui est tout brûlant d'amour pour toi : si tu savais combien je t'aime ! »

C'est à Notre-Dame de Liesse, au couvent même de Marie-Réparatrice, et sous la direction éclairée d'un Père de la Compagnie de Jésus, que Marie fit la retraite de probation dont nous venons de parler. Elle y entra le 10 mai, et y demeura près de huit jours. « Me voici en retraite, écrivait-elle au début de ces pieux exercices. J'y suis pour faire mon *élection* (1). C'est donc d'une affaire bien grave qu'il s'agit. O mon Dieu, je m'abandonne à vous par les mains de Marie. Éclairez-moi, parlez-moi. Votre petite servante ne veut faire que votre volonté. »

Puis, elle se mit à l'étude de sa vocation, comme si rien n'était encore décidé. Après avoir médité deux jours entiers sur la fin des créatures et sur le péché, entre temps fait un examen sérieux de sa conscience, elle se confessa avec une grande simplicité et ouverture de cœur, afin de se met-

(1) C'est-à-dire examiner le genre de vie auquel Dieu m'appelle, et me mettre à même de le suivre.

tre par là dans la meilleure disposition pour recevoir les lumières de l'Esprit-Saint. Elle employa les deux jours suivants à résumer les raisons qui la pressaient d'embrasser la vie religieuse et de choisir de préférence la communauté de Marie-Réparatrice. Nous ne résistons pas au désir de mettre ce petit écrit sous les yeux du lecteur.

Il y a, pour une jeune fille, trois états à choisir : le mariage, le célibat dans le monde, la vie religieuse. Marie les passa en revue successivement ; le compte des deux premiers est bientôt fait :

« 1° *Mariage*. J'ai toujours eu pour le mariage un dégoût très prononcé, voulant à tout prix garder ma virginité. »

C'est ce que confirmeraient au besoin plusieurs passages de son *Journal*, entre autres celui-ci : « Lorsque j'apprends le mariage de quelque jeune fille que je connais plus particulièrement, j'éprouve un vrai serrement de cœur. Non, je n'ai jamais compris et ne comprendrai sans doute jamais le mariage (surtout aujourd'hui et dans les conditions où il se contracte parmi nous). Donner son cœur, donner toute sa confiance à un jeune homme que l'on n'a vu la plupart du temps que trois ou quatre fois ! Bien souvent avec son cœur livrer son âme. Où trouve-t-on des maris religieux maintenant? Tout passe avant le bon Dieu. Je crois que la plus grande peine que l'on puisse me faire serait de me dire que je suis appelée, non à la vie religieuse, mais au mariage. Je crois que je verserais des torrents de larmes. Mais, ô mon Dieu, vous ne permettrez pas qu'on dise cela à votre petite servante. Oui, je sens que vous m'appelez. Éclairez-moi donc, pour que les raisons que je donnerai de ma vocation soient approuvées. Marie, bénissez-moi. »

« 2° *Célibat dans le monde*. Je trouve que, pour moi, ce serait manquer de générosité envers Dieu (Cet état peut avoir ses dévouements, parfois héroïques : ce n'était point le cas pour Marie).

« 3° *Vie religieuse*. Je me suis toujours sentie attirée vers la vie religieuse, et je crois que cet attrait vient de Dieu. Mon plus cher désir est d'y répondre, si toutefois il est bien reconnu que c'est la volonté de Dieu.

« Ce qui m'attire dans la vie religieuse, c'est :

« 1. La perfection de cette vie, qui vous rapproche davantage de Dieu, et vous permet de vous unir à lui d'une manière plus intime.

« 2. L'amour de Notre-Seigneur, qui me presse de me donner entièrement à lui. C'est dans mon caractère de ne pas faire les choses à demi.

« 3. L'espoir de ressembler davantage à mon divin Maître, en pratiquant là, plus parfaitement et plus fréquemment qu'ailleurs, l'humilité, par l'anéantissement complet de mon orgueil ; l'obéissance, par l'assujettissement absolu de ma volonté à celle des autres ; la pauvreté et la mortification, que Jésus a aussi tant aimées.

« Je n'ignore pas que je souffrirai dans la vie religieuse, mais si la volonté de Jésus m'y veut, ce bon Maître saura bien me donner les grâces nécessaires.

« Quant au genre de vie religieuse que je voudrais embrasser, voici quels sont mes attraits : Je me sens portée à la vie contemplative et active à la fois. J'ai toujours eu une dévotion particulière envers le très saint Sacrement, et c'est ce qui me fait choisir la communauté de Marie-Réparatrice. Cette idée de réparation m'a toujours beaucoup plu...

« Oui, c'est Dieu qui m'appelle. Je n'ai jamais été influencée en cela par personne. Bien jeune encore, cette consécration de la virginité et cette donation de soi-même à Dieu avaient captivé mon cœur, et déjà j'avais conçu le dessein de me donner entièrement à ce Dieu jaloux. Ce désir a grandi avec moi. — Je n'en avais jamais parlé à mon confesseur, mais tous les jours, depuis ma première communion, je récitais une dizaine de chapelet, pour que la sainte Vierge lui inspirât la pensée de m'en parler le premier. Elle m'a exaucée; et c'est encore une raison qui me fait croire que cet appel vient de Dieu. »

On devine aisément quelle dut être, après un tel exposé, la réponse du religieux qui dirigeait la pieuse jeune fille pendant sa retraite : « Enfin, Jésus a dit le dernier mot, lisons-nous dans son *Journal*, à la date du 25 mai 1887, je suis à lui pour toujours ; je serai une nouvelle Marie-Réparatrice... O mon Dieu, faites que j'aime toujour davantage cet institut ! Quelle belle place le Seigneur m'a choisie ? Non jamais, je ne pourrai assez le remercier de ce choix ! Moi, pauvre petite pécheresse, qui ai pour Jésus un amour si faible, si languissant, je suis choisie par lui pour être sa petite adoratrice, sa petite consolatrice ! O infinie miséricorde de mon Dieu !... Le révérend Père m'a dit, lorsque je l'ai quitté : « Allez, mon enfant, et soyez une bonne petite « sainte. » C'est là mon plus ardent désir, et je compte, pour y parvenir, sur la grâce de Dieu. »

Le 27 mai, Marie terminait sa retraite et en consignait en ces termes le souvenir dans son *Journal* : « Ma retraite est terminée. Il faut donc quitter ces lieux bénis, où Jésus m'a fait tant de grâces, où Marie m'a tant protégée ! Je crois rêver quand je pense que tout est décidé, que le grand sacrifice est à moitié fait, et que bientôt, s'il plaît à Dieu, je serai revêtue des blanches livrées de Marie-Réparatrice ! »

Et au soir du dernier jour de mai, elle ajoutait : « Quelques heures encore, et le mois de Marie sera fini. Qu'il s'est enfui rapidement ! O Marie, il est donc bien doux de chanter vos louanges, pour que vos enfants soient si peinés lorsqu'ils sont obligés de cesser leurs chants ! Que de grâces vous avez dû accorder pendant ce mois, ô ma Mère ! *Mais que ma part à moi a été grande*, ô Marie ! merci, merci, merci. Au dernier jour de ce beau mois, je me consacre à vous. Je vous donne mon corps, mon âme, mon cœur, tout ce qui m'appartient. Je suis à vous, ô ma Mère, et pour toujours. Je vous le jure, c'est à la vie et à la mort !... Oh ! que j'ai besoin de sentir la protection maternelle de Marie en ce moment, en ces derniers jours de ma vie au milieu du monde. Mon pauvre cœur frémit à l'approche du sacrifice ; ô Marie, au secours ! »

« La tristesse, disait-elle un peu plus tard, a de nouveau envahi mon âme. Jésus m'abandonne, Marie m'abandonne ! Je suis livrée complètement à moi-même, et le démon cherche à me prendre dans ses pièges par tous les moyens imaginables !... Quel moment difficile à passer, que celui qui nous sépare de quelques jours à peine de notre entrée en religion... Le démon (je vois bien que c'est lui) ne sait que vous mettre à l'esprit et ne sait quelle ruse inventer pour vous faire changer de résolution. Mais, patience, dans huit jours nous serons à... Je serai à la source. Je trouverai là quelqu'un qui connaît mon âme jusque dans ses plus secrets replis. Oh ! à lui, encore une fois, je vais aller dire toutes mes craintes, toutes mes appréhensions, toutes mes angoisses ! »

VIII

L'OFFRANDE

« *Ecce ego ; quia vocâsti me.* »

« Me voici ; parce que vous « m'avez appelé. »

(I Rois, III, 5.)

Les derniers mots du chapitre précédent nous laissent supposer que la future postulante eut encore plus d'un assaut à soutenir, du côté de ce cœur que Dieu avait fait si sensible et si aimant : « Pauvre cœur, écrivait-elle en effet, le 2 juin, pourquoi donc gémis-tu ? Ah ! tu penses à l'heure de la séparation qui est proche, tu penses à ces êtres bien-aimés qui t'ont donné la vie, tu vois leurs cœurs pleins d'amour pour toi se fendre de chagrin! et tu souffres, et tu pleures!... Mais pourquoi donc m'arrêter à ces tristes considérations? Est-ce que Jésus, pour lequel je vais tout quitter, ne versera pas sur ces cœurs brisés un peu de baume consolateur?.. O Jésus, je vous les donne, ces parents bi[illegible] [illegible] les laisse dans votre cœur sacr[illegible]. [illegible] les recevoir avec bonté; veuillez m'[illegible]-même. Ce sera là désormais notre [illegible]-vous... rendez-vous délicieux, qui déjà sur cette terre exhale comme un parfum du ciel.

« O Jésus, je me reproche, mille et mille fois le jour, de ne pas vous aimer assez, de ne pas vous aimer autant que je le pourrais. Ah! je n'attise pas assez ce feu de l'amour divin... Ne permettez pas cependant qu'il s'éteigne... Aidez-moi à faire le grand sacrifice, à briser tous les liens qui m'empêchent d'être uniquement à vous. »

Quelques jours plus tard, à la veille de la Fête-Dieu : « C'est demain, écrit-elle, la Fête-Dieu. Quelle belle fête, et bien propre à exciter notre amour envers le Dieu de l'Eucharistie! Ce doit être la fête par excellence des Réparatrices, la mienne par conséquent, puisque j'espère l'être un jour. Cette idée me poursuit partout; c'est ma vie. Je puis dire comme Valentine Riant : « Ma vocation, c'est ma vie »... Mais quand donc [illegible] e le monde et moi, une barrière in[illegible] mille fois béni, que celui où il n'y aura plus que Jésus et moi, où tout ce qui m'était [illegible] ne sera plus à moi que dans le cœur [illegible] ésus sera mon époux, qu'est-ce à dire, sinon que je lui appartiendrai entièrement, que sa volonté sera la mienne, et que je ne ferai rien, absolument rien, sans son consentement. Nos deux cœurs n'en feront plus qu'un ; le mien se fondra en celui de Jésus ; et la vie du ciel ne sera que la continuation de celle que nous aurons eue ici-bas. »

Et pourquoi tairions-nous les lignes suivantes, qu'on croirait empruntées au Cantique des cantiques : « O Jésus, je vous promets aujourd'hui que je ferai tous mes efforts pour être une épouse selon votre cœur. Oui, je veux que vous reposiez avec bonheur vos divins regards sur moi ; je veux que vous trouviez vos délices à vivre avec moi. O mon aimable, ô mon adorable Jésus, bénissez votre petite fiancée. »

Partant de là, qu'elle est l'épouse de Jésus-Christ, et qu'une épouse doit s'appliquer à plaire en tout à son époux, Marie se reprochera désormais plus sévèrement les moindres fautes, qu'elle s'accuse de commettre encore avec une déplorable facilité : « Que tout cela doit peiner Notre-Seigneur, écrit-elle. Pourqoui, doit-il me dire, n'es-tu pas plus généreuse à mon service ? — Il t'en coûte de passer inaperçue, de taire tes quelques qualités ? Fais-moi ce sacrifice ; tu sais bien que je ne donne ma grâce qu'aux humbles. — Il t'en coûte de dire du bien de cette personne? Dis-en autant que tu le peux, au contraire. Je te jugerai de la même manière que tu auras jugé les autres... »

Il restait à obtenir, pour l'admission de Marie chez les religieuses de Marie-Réparatrice le consentement de la Supérieure générale. Elle le reçut le 19 juin. « Enfin, Jésus a dit le dernier mot quant au choix de la communauté ! C'est à Marie-Réparatrice que je vais me donner. La Supérieure générale veut bien m'accepter pour sa fille. Oh ! comme j'attendais impatiemment ce *oui*, qui m'est arrivé dimanche dernier, 19 juin... 19 juin 1887, jour à jamais mémorable pour moi !

« Il faut donc dire bientôt un éternel adieu à tout ce qui m'est cher. Je me prépare tous les jours à cette séparation, en y pensant aussi souvent que je le puis. Oh ! je dois avouer que parfois mon cœur saigne bien fort. Pauvres parents ! Vous laisser seuls *; O Jésus, il n'y a que pour vous, qu'on puisse faire de tels sacrifices !* »

Dieu réservait à Marie, avant son départ pour le couvent, une nouvelle grâce bien précieuse ; celle d'accomplir pour la seconde fois le pèlerinage de Lourdes. Elle avait eu le bonheur de le faire une première fois avec ses parents et sa maîtresse de classe, l'année qui avait suivi sa première communion. Elle en avait rapporté, avec les plus douces émotions et les plus chers souvenirs, un immense désir d'y retourner. En 1886 déjà, elle avait eu l'espoir de réaliser ce désir, mais plusieurs circonstances l'en ayant empêchée, elle s'y disposa pour l'année suivante.

« On est en grande discussion à propos du pèlerinage de Lourdes, écrivait-elle le 2 juillet 1887 ; mais je veux absolument le faire cette année, afin d'attirer sur moi les bénédictions de la très sainte Vierge. Dans deux mois sans doute, [illegible] sera fini. Nous aurons vu encore une fois, la dernière peut-être, la [illegible] de Marie ; et je volerai vers mon cher noviciat de Tournai. Oh ! si le bon Dieu le voulait, dans deux mois j'aurais dit adieu au monde, et je serais à lui pour toujours !

« O Jésus, voulez-le, exaucez le désir ardent de votre future épouse, le désir qui la consume, qui fait son tourment. O Jésus, je soupire après vous ; la soif que j'ai de vous égale celle du cerf altéré qui cherche les sources d'eaux vives !... »

Le 16 août, Marie écrivait : « Nous partons demain pour Lourdes ! O bonheur ! O sainte joie ! Marie, bénissez-moi, bénissez-nous, protégez-nous. » Le lendemain, en effet, accompagnée de son père et de sa mère, elle se joignait au pèlerinage national qui, chaque année, depuis près de vingt ans, part de Paris dans l'octave de l'Assomption, pour aller déposer, aux pieds de la Vierge immaculée, les vœux et les prières de la France chrétienne. Et le 20, elle traçait sur son [illegible] suivantes :

[illegible] Lourdes. J'ai pu revoir, contempler [illegible] Vierge immaculée. A sa vue, à la [illegible] agenouillé, la saluant, l'acclama[illegible] cœur a éprouvé un je ne sais qu[illegible] attendri, et mes larmes ont coulé comme [illegible] moi. Oh ! qu'il fait bon pleurer de bonheur, et surtout du bonheur de se sentir aux pieds de Marie, là où elle a tout particulièrement désiré vous voir !

« O Marie, vous êtes là, les mains pleines de grâces. Versez-les sur tous ces pauvres malades, qui sont venus à vous avec tant de foi, tant de confiance ! Déjà, vous avez manifesté votre puissance, déjà, vous avez rendu la santé à plusieurs de ces infirmes. Continuez-leur vos bienfaits ; donnez à tous les pèlerins ce que vous jugez utile pour leur salut. Et donnez-moi, ô Marie, à moi, pauvre petite créature, tout ce dont mon âme a besoin, surtout en ce moment ; force, oi, amour, générosité. — O Marie immaculée, je me jette dans vos bras ; je me confie entièrement en vous. Faites de moi ce qu'il vous plaira. »

Bientôt, trop tôt hélas ! il fallut s'arracher à ces lieux bénis, sanctifiés par la présence sensible de la Reine du ciel. Ce n'est pas sans pleurer de nouveau que Marie les quitta, d'autant plus qu'elle avait le pressentiment de ne plus les revoir.

A peine de retour dans sa famille, et après les visites d'adieu à ses plus proches parents, elle pressa l'heure du départ pour le noviciat. Nous lisons dans son *Journal*, à la date du 1er septembre : « Je pars samedi matin pour le noviciat de Tournai ; je dis adieu au monde, et je vais donner à Jésus ce qu'il m'avait prêté et ce qu'il me redemande. Mais cet adieu est déchirant. Mon pauvre cœur est brisé. A certains moments, je me demande si j'aurai de la force jusqu'au bout. Je ne croyais pas qu'il me serait si pénible de m'éloigner de ces parents bien-aimés, dont la douleur est la seule cause de mon chagrin !... O mon Dieu, pour vous seul on peut ainsi tout abandonner et se sacrifier soi-même !

« Il faut donc dire adieu, un adieu éternel, à ce beau pays et à ce foyer paternel qui ont vu mes premiers pas ; adieu à tous ces amis qui avaient rapproché leurs cœurs du mien ; adieu à ces parents bien-aimés qui me chérissent, qui m'adulent, et [illegible] j'étais l'espérance, la consolation, le soutien [illegible] Dieu, mon courage s'en va. Je faiblis. Venez à mon aide, venez relever ma pauvre âme ! »

La lettre suivante écrite par Marie, la veille même de son départ pour [illegible]nai, au prêtre qui l'avait dirigée pendant la plus grande partie de sa vie, doit trouver ici sa place. L'âme de Marie s'y peint tout entière.

« Mon très vénéré Père,

« Quand vous lirez ces lignes, écrites quelques heures avant mon départ, je serai probablement bien loin de tous ceux que j'aime tant, et qu'il m'a fallu quitter le cœur déchiré, brisé.

« J'avais espéré, jusqu'au dernier moment, avoir de vous quelques mots, qui m'eussent aidée à faire plus généreusement mon sacrifice : mais rien n'est venu ; pas un mot d'encouragement, pas un dernier avis, pas de bénédiction envoyée à cette âme, dont vous êtes cependant le père.

« Mais non, Notre-Seigneur veut sans doute que le sacrifice se fasse sans adoucissement, sans consolation aucune ! Que sa volonté soit faite !

« Oh ! lui seul sait, mon Père, ce que j'ai souffert et ce que je souffre encore aujourd'hui. Jamais je n'aurais cru que ces dernières heures passées au foyer paternel fussent pour mon cœur aussi pénibles, aussi cruelles.

« C'est aujourd'hui à midi que j'ai fait mes adieux à Prémontré ; ils ont été déchirants ! Mes pauvres grands-parents n'auraient pas pleuré, crié davantage si on m'eût portée en terre. Je suis encore toute bouleversée de cette scène. Heureusement que la très sainte Vierge me soutient. Que deviendrais-je sans elle ?

« Au milieu de mes larmes, mon Père, je remercie cependant le bon Dieu de la grâce qu'il me fait en m'appelant à lui. Oh ! il me rendra au centuple ce que je lui donne.

« Merci encore une fois aussi à vous, mon Père, pour tout ce que vous avez fait pour mon âme; non, jamais elle ne l'oubliera... Mais il faut vous quitter. Maintenant plus que jamais, je me recommande à vos bonnes et saintes prières, je vous demande une bénédiction toute particulière pour la future novice, et je vous prie de croire à mes sentiments profondément respectueux et reconnaissants...

« Marie DANRÉ. »

Mais avant de suivre la jeune postulante sur le chemin de Tournai, citons encore quelques extraits de son *Journal*, qui achèveront de nous faire connaître les dispositions de cette âme ardente au moment où elle allait accomplir son sacrifice. La nature agonise, Marie va en consommer l'immolation.

« Je suis encore bien triste ce soir! L'avenir me paraît si sombre, si sombre! La voie que je vais suivre me semble si remplie de difficultés, que j'ai peur! Mon âme est épouvantée!... O mon Dieu, venez à mon secours! Je veux être à vous, à vous seul!... Oui, ô Jésus, à vous seul mon corps; à vous seul mon âme, mon cœur; à vous seul tout ce que je suis!... O mon seul tout, ô mon bien-aimé, je voudrais que mon cœur fût pour vous tout brûlant d'amour, qu'il se consumât d'amour, en sorte que toutes les souffrances qu'il vous plaira de m'envoyer soient reçues comme des joies, comme autant de sujets d'allégresse!

« Mais que je suis loin de vouloir la souffrance!... Pourquoi donc toujours calculer ainsi au service de mon bon Maître? Je ne devrais jamais écouter les plaintes de la nature; je devrais la combattre sans relâche... Une fois entrée dans la vie religieuse, il faut que je me dise: Me voici entièrement à Notre-Seigneur; je suis sa servante, par conséquent, je ne m'appartiens plus. Je dois, non pas le servir doucement en me ménageant, mais surtout réparer les outrages faits à ce divin Maître. Par là même je dois embrasser avec joie toutes les croix qui se présenteront, faire joyeusement tous les sacrifices qu'on m'imposera. En un mot, il me faut souffrir, il faut me sacrifier ! Il faut que je me familiarise bien avec cette pensée, que je vais au couvent pour y souffrir. Réparer, c'est souffrir. Si l'on ne me fait pas souffrir, il faut que, moi, je me fasse souffrir.

« O Jésus, Jésus, Jésus, ce seul mot de souffrance me fait déjà souffrir ! A ce seul mot, mon âme tomberait de défaillance, si elle ne vous sentait là tout près ! Mais, ô Jésus, *je veux* souffrir pour vous, avec vous ; car je sais aussi que, avec vous, je me réjouirai, et que vous-même, ô Jésus, serez ma récompense ! Posséder Jésus dans son cœur par la sainte communion, c'est déjà un grand bonheur ; que sera-ce lorsqu'on le contemplera face à face, qu'on ne vivra que de sa vie, qu'on ne vivra que d'amour !

« Oui, ô Jésus, souffrir, souffrir, souffrir ! voilà désormais le cri de mon cœur. Mais, ô Jésus, donnez-moi votre grâce ; ou plutôt soyez vous-même ma force ; sans vous je succomberais. »

10

IX

L'ÉPREUVE

> « *Qui amat patrem aut matrem*
> « *plus quam me, non est me di-*
> « *gnus.* »
>
> « Celui qui aime son père ou sa
> « mère plus que moi, n'est pas digne
> « de moi. »
>
> (S. Matth., x, 37.)

Le samedi matin, 3 septembre 1887, Marie, sous la conduite de sa mère, prenait le chemin de Tournai, où elle arrivait le soir. En voyant notre jeune postulante se donner à Dieu, selon l'expression de l'Écriture, « de si grand cœur et avec une volonté si généreuse, » le lecteur n'a pas manqué de faire pour elle les vœux les plus ardents, et s'est pris sans doute à espérer que, après une si heureuse préparation, elle allait fournir dans le cloître une longue et sainte carrière. Mais les pensées de Dieu ne sont pas les nôtres, et les desseins de son impénétrable sagesse diffèrent bien souvent de ceux que nous formons nous-mêmes. Marie avait pressé son départ, afin de terminer ses trois mois de postulat dans les premiers jours de décembre, et d'être admise à la prise d'habit le jour même de l'Immaculée-Conception; Dieu ne lui permit même pas d'arriver jusqu'à ce terme tant désiré. Toutefois, quelque court qu'ait été son séjour dans cette maison après laquelle elle avait si ardemment soupiré, on nous permettra d'y insister un peu, pour achever de faire connaître la belle âme dont nous avons voulu esquisser les traits. La vie la plus longue, au jugement de l'Esprit-Saint, n'est pas celle du vieillard courbé sous le poids des années, mais bien celle du saint, fût-il tout jeune encore, courbé sous le poids des mérites.

A peine installée au noviciat, Marie s'empresse d'écrire à la Supérieure du couvent de Notre-Dame de Liesse :

« Ma révérende Mère,

« Plus que dix minutes jusqu'au salut; c'est donc bien à la hâte que je vous envoie ces quelques mots. Mais quoique courts, je suis certaine qu'ils vous feront bien plaisir, puisqu'ils vous diront qu'enfin votre petite aspirante est devenue postulante.

« C'est dimanche soir, après avoir bien pleuré en quittant ma pauvre mère, que j'ai fait mon entrée au postulat, que j'ai pris place parmi mes chères sœurs du noviciat.

« Je n'ai pas besoin de vous dire toute ma joie, tout mon bonheur ! Oh ! ma révérende Mère, aidez-moi à remercier Notre-Seigneur de la grande grâce qu'il m'a faite en m'appelant à Lui... »

Nous lisons d'autre part dans son *Journal*, à la date du 10 septembre : « Enfin je suis au noviciat, j'y suis depuis bientôt huit jours. Je ne saurais dire comment j'ai vécu depuis ce temps. Je ne saurais dire et par quelles peines, et par quelles joies, et par quelles angoisses mon âme a passé. Peine de quitter ma famille, de quitter ma mère !

Joie d'être enfin à Jésus, d'être uniquement à lui, uniquement consacrée à son service, de pouvoir aller une heure chaque jour me prosterner à ses pieds, pour lui offrir mes faibles adorations et chanter ses louanges.

« Mais à côté de ces joies, qui plongent l'âme dans une si douce paix, dans un si profond recueillement, où donc trouver des *angoisses?* Hélas! ici-bas, les plaisirs les plus saints ne sont-ils pas souvent mélangés d'épreuves!... C'est mon père qui me redemande, qui veut venir me rechercher, me reprendre à Jésus! »

Que s'était-il donc passé dans la famille de Marie? Et comment expliquer la lettre de son père, à laquelle elle fait ici allusion? A son retour de Tournai, Mme Danré avait trouvé les grands-parents dans une désolation qui ressemblait à un véritable désespoir ; ils avaient perdu l'appétit et le sommeil, ne cessant de pleurer et de sangloter, et refusant de se consoler du départ de leur enfant. C'était au point qu'on pouvait craindre pour leurs jours! M. Danré avait fait part à la Supérieure du couvent de Tournai de cette situation, et en même temps de son intention d'aller en effet reprendre sa fille. Voici la lettre qu'il reçut immédiatement de celle-ci. On verra avec quelle logique et quelle respectueuse fermeté Marie y plaide la cause de sa vocation, cause sacrée trop souvent perdue, par suite précisément du manque de générosité chez les parents et d'énergie chez les enfants. Ici, à vrai dire, la cause était gagnée d'avance.

Mon bien cher Père,

« J'ai été extrêmement surprise, et surtout profondément affligée, de ta lettre à notre révérende mère Supérieure. Plus je réfléchis, moins je puis croire que tu parles sérieusement. Le motif que tu allègues pour venir me chercher, à proprement parler, n'en est pas un. Vous deviez vous attendre à voir mes grands-parents dans le chagrin, presque inconsolables au début ; mais est-ce que le temps n'adoucira pas tout cela? Est-ce que vous n'allez pas être près d'eux tout l'hiver? Car j'espère bien que vous vous êtes arrangés pour la cession de la pharmacie.

« Si je m'étais établie dans le monde et que je me fusse fort éloignée, ils n'auraient pas songé à me rappeler ; la chose eût été impossible. Eh bien ! qu'ils regardent mon retour maintenant aussi comme impossible. Mais, mon bien cher père, et toi aussi, ma chère maman, croyez bien que je suis heureuse, bien heureuse ici, et que *le plus grand chagrin que l'on puisse me causer serait assurément de m'en faire sortir*. Dites bien tout cela à mes grands-parents, et ajoutez que, s'ils exigent ma sortie d'ici, Dieu leur demandera, bientôt peut-être, un bien plus grand sacrifice. S'ils ne veulent pas me donner à Notre-Seigneur dans la vie religieuse, Notre-Seigneur saura bien me conduire à Lui par un autre chemin.

« Encore une fois laissez-moi vous dire que je suis bien heureuse ; je sens déjà, malgré le peu de temps que je suis ici, que ce genre de vie me convient parfaitement et que c'est bien ici que le bon Dieu me veut.

« On nous traite en véritables enfants gâtées. Notre révérende mère Supérieure est vraiment une mère pour nous. Elle a été bien bonne, bien maternelle hier en voyant mon gros chagrin. — Quant à ma santé, qui semble toujours vous préoccuper un peu, elle est excellente, et j'espère qu'elle continuera ainsi. Mais si elle venait à faire défaut, soyez assurés que vous en seriez avertis ; et cette fois alors je me rendrais à vos désirs.

« J'espère, bien cher papa, que ta lettre d'hier n'a été envoyée que pour éprouver ma vocation, et que tu reviendras aisément sur ta décision. Si par hasard tu persistais dans ta résolution, je crois que tu aurais bien du mal à m'arracher d'ici... Oh ! si vous saviez, bien chers parents, la paix, la joie que l'on goûte à servir ici Notre-Seigneur, à l'aller adorer, vous n'auriez pas la pensée de me rappeler près de vous...

« J'attends bientôt quelques lignes de vous. — Surtout ne m'oubliez pas près de mes chers grands-parents ; dites-leur que je les embrasse du plus profond de mon cœur, et que je leur écrirai bientôt.

« Adieu, toujours bien-aimés parents, veuillez accepter vous-mêmes les plus affectueux embrassements de votre enfant, qui vous chérit toujours autant en Notre-Seigneur.

« Marie DANRÉ. »

Après avoir exprimé les angoisses que lui causait la lettre de son père, Marie ajoutait dans son *Journal:* » Oh ! non, cela ne se peut. Jésus ne me laissera pas aller ; il calmera cette grande douleur de mes parents, qui est, dit-on, un motif suffisant pour me faire retourner auprès d'eux. Est-ce que Notre-Seigneur n'a pas dit : Celui ou celle qui aime son père ou sa mère plus que moi n'est pas digne de moi. Certainement, j'ai le cœur déchiré en pensant au chagrin de mes parents ; mais j'ai confiance que Notre-Seigneur l'adoucira. C'est à ce bon Maître, du reste, que je les ai laissés, à lui d'en prendre soin. »

C'est ce qui arriva en effet ; l'onction de la grâce et le temps calmèrent la douleur des grands-parents, et Marie put jouir en paix de son bonheur. « Merci, ô mon Dieu, s'écriait-elle le 13 septembre, vous avez dissipé toutes mes craintes, toutes mes angoisses ; je ne crains plus cette fois d'être obligée de m'éloigner de vous. Mes parents, ont prononcé un dernier *fiat* qui leur a brisé le cœur; mais, ô Jésus, vous les avez aidés de votre grâce, vous les aiderez encore dans la suite, vous les bénirez, et vous serez un jour leur récompense. »

La révérende mère Supérieure écrivit elle-même aux parents de Marie, pour dissiper toutes leurs craintes à son sujet, et leur dire combien elle était heureuse, « dans cette maison du bon « Dieu, où il fait si bon vivre tout près de Notre-« Seigneur. » — « Après examen sérieux, ajoutait-elle, notre docteur, le meilleur de la ville et en qui on peut avoir toute confiance, a déclaré que votre chère fille n'avait absolument rien, ni à la poitrine, ni au cœur. Bien que son tempérament ne soit pas vigoureux, il ne donne en ce moment aucun sujet d'inquiétdue... Le médecin pense même, comme nous, que la retirer du postulat, en ce moment, serait s'exposer à la voir tomber malade. Il ne prescrit aucun régime particulier, et croit que la vie commune, souhaitée par votre chère enfant, est celle qui lui convient le mieux. Lorsque le moral est satisfait, tout s'en ressent. »

« J'espère bien, écrivait de nouveau Marie à quelques jours de là, que cette lettre vous aura complètement rassurés... Depuis, j'ai revu le médecin qui m'a trouvée en très bon état de santé, et qui croit bien que je me fortifierai encore. Soyez donc sans inquiétude. — A-t-on été content de la lettre que j'ai envoyée à Prémontré ? Ces pauvres chers vieux se consolent-ils un peu? Allez-vous passer une partie de l'hiver auprès d'eux? Dites-moi tout cela quand vous m'écrirez...

« Je crois, ajoute-t-elle, qu'il faut perdre tout espoir de me voir jamais reprendre le chemin de Saint-Gobain. Je suis trop heureuse ici pour supposer que Notre-Seigneur, qui m'y a sûrement appelée, m'en fasse partir. Si vous saviez qu'il fait bon être prosternée aux pieds de ce bon Maître, l'adorer, lui recommander tous les êtres si chers, si aimés, que l'on a quittés pour lui. C'est là surtout que je pense à vous. D'ailleurs, n'est-ce pas là l'endroit le meilleur?... »

Marie terminait sa lettre en disant : « Je suis

à la recherche d'un nom. J'ai demandé *Marie de Sainte-Pauline*, ou de Sainte-Eustochie, ou de Saint-Jean-Chrysostome... Tous les autres noms sont pris. »

Pauvre jeune fille, il n'y a plus qu'un nom qui te convienne à présent ; tu ne t'appelleras plus bientôt sur la terre que Marie de la Croix. Tu vas tout à l'heure gravir le Calvaire, à la suite de celui que tu as choisi pour époux. Jésus veut t'associer ici-bas à ses souffrances, comme tu le lui as tant de fois demandé, pour t'associer là-haut à son bonheur.

X

L'UNION

« *Dilectus meus mihi, et ego illi.* »

« Mon bien-aimé est à moi, et je suis « à lui. »

(Cant., II. 16.)

Cependant la pieuse postulante était admirablement entrée dès les premiers jours dans l'esprit des religieuses de Marie-Réparatrice, qui est un esprit d'amour ardent pour le Dieu de l'Eucharistie et d'union intime avec lui, joint au désir de réparer les outrages qu'il reçoit des hommes, et de consoler son Cœur divin si profondément affligé. On en jugera par ces lignes de son *Journal :* « J'ai promis à Notre-Seigneur, ce matin, de vivre toute cette journée sous son regard, faisant tous mes efforts pour lui être agréable. De son tabernacle, Jésus doit nous suivre des yeux partout où nous allons. Il est notre Maître, nous sommes ses servantes, par conséquent nous devons toujours avoir nous-mêmes les yeux fixés sur lui et lui dire : O Maître, est-ce comme cela qu'il faut que je fasse cette action ? Oh ! si je fixais ainsi toujours Jésus, comme je finirais par lui être un peu plus agréable. O Jésus, que ma vie se passe donc tout entière selon votre volonté : Je ne veux qu'une seule chose, ô Jésus, vous aimer ! »

« Dans une demi-heure, dit-elle un peu plus loin, je serai aux pieds de Jésus. O mon aimable Maître, quelle joie, quelles délices pour l'âme, d'être en votre sainte présence ! O mon Jésus, pendant que je serai à vos pieds, embrasez-moi d'amour ; illuminez mon âme d'un de vos rayons, faites donc qu'elle se connaisse et qu'elle vous connaisse. O Jésus, je voudrais vous aimer par dessus tout, je voudrais n'avoir de pensées que pour vous, de désirs que pour vous. Oh ! je gémis de voir la pauvreté, la faiblesse de mon amour ! Quand donc pourrai-je vous aimer autant que je le voudrais ! »

« Je viens de promettre à Jésus, ajoute-t-elle au sortir de cette visite, de ne jamais lui refuser aucun des sacrifices qu'il me demandera : grand ou petit, je veux que le *fiat* soit prononcé avec le même bonheur.

A quelques jours de là, elle disait : « Je suis allée faire mon adoration à midi. Oh ! qu'il y faisait bon ! Notre-Seigneur a semblé éclairer mon âme d'un de ses rayons, pour m'y faire voir plus clairement ce qui lui déplaît. J'ai trouvé, en effet, bien des misères dans cette pauvre âme ! Que de côtés défectueux ! Que d'actions, même toutes petites, qui seraient pour moi la source de bien des mérites, si je savais les faire uniquement pour Dieu ! Mais, la plupart du temps, c'est pour moi que je travaille... Il faut absolument que désormais je fasse toutes mes actions avec une grande pureté d'intention. Je viens d'en prendre la résolution aux pieds de Jésus.

« Je me demande bien souvent si Jésus m'aime ;

ou plutôt c'est à lui-même que j'adresse cette question. Il me semblait tout à l'heure entendre ce bon Maître me dire : « Mais oui, je t'aime. Tu « es une âme privilégiée, gâtée, choyée. Dans « une famille, l'enfant le plus frêle, le plus déli- « cat, est l'objet de soins particuliers ; il en est « de même de toi. Je verse sur toi des grâces « en abondance, car tu en as plus besoin que « d'autres ; tu es encore si faible, si languis- « sante ! Il faut te donner de la force, de la géné- « rosité ! » — O Jésus, m'écriai-je, merci de tant de miséricorde, merci de tant d'amour. Oh ! donnez-moi donc de vous aimer de toute l'ardeur de mon âme. »

Posséder Dieu, se donner à Dieu, réaliser cette parole de l'épouse des Cantiques : *Mon bien-aimé est à moi et je suis à lui*, tel était donc l'unique désir de la jeune postulante, le but de toutes ses aspirations. En voici une nouvelle preuve dans la page qui termine son *Journal*, à la date du 1er novembre 1887, en la Fête de tous les Saints.

« Aujourd'hui, grandissime fête au Paradis ! chants d'amour ! chants de gloire ! Encore une année, peut-être plusieurs, et nous célébrerons, il faut l'espérer, cette belle fète dans le ciel. O mon Dieu, quand donc mon tour viendra-t-il?...

« Pendant mon adoration, tout à l'heure, vous m'avez fait mieux sentir le vide que l'on trouve dans les créatures, le mépris que je dois avoir pour toutes les choses de la terre. Vous m'avez fait mieux comprendre que c'est en vous seul que se trouvent tous les biens, qu'en vous seul je trouverai le bonheur dont mon âme a faim, qu'à votre service seul je serai pleinement satisfaite.

« O mon Dieu, pourquoi donc chercher si souvent le bonheur, la joie, hors de vous ! Hors de vous, tout n'est que tristesse, tout n'est que douleur. En vous, tout est joie, tout est bonheur, tout est paix, tout est consolation... O mon Jésus, soyez donc toujours mon tout ! Que je me cache profondément dans votre cœur, pour n'en sortir jamais ! »

Les lettres de Marie à sa famille expriment, dans les termes les plus touchants, les mêmes sentiments que son *Journal*. Elle ne cesse d'y faire part à ses parents bien-aimés du bonheur qui inonde son âme, et de la reconnaissance qui déborde de son cœur envers Dieu, pour l'avoir appelée à cette vie de contemplation et d'amour. Elle se plaît aussi à leur dire la joie qu'elle goûte au milieu de ses chères compagnes du noviciat, la douce charité qui règne entre elles et fait de leur vie comme un vrai paradis sur terre, les soins tout maternels, pour le corps et pour l'âme, dont elles sont l'objet de la part des sœurs professes et surtout de la bonne mère Supérieure. « Pour moi, ma chère mère, écrit-elle, je suis toujours bien heureuse au milieu de ma nouvelle famille. Mère supérieure est pour moi d'une extrême bonté, me soignant, me gâtant même. Nos chères sœurs du noviciat sont charmantes d'amabilités et d'attentions. »

« Je ne demande au bon Dieu qu'une seule chose, lisons-nous dans une autre lettre, c'est de vivre ici, et *surtout d'y mourir !*... J'avais espéré pouvoir vous dire aujourd'hui quel jour je revêtirais la robe blanche des religieuses de Marie-Réparatrice, mais rien encore de décidé. Je tremble que le 8 décembre ne me trouve encore toute noire. Je remets cependant tout entre les mains de Notre-Seigneur et de la sainte Vierge. Seul le choix de mon nom est fait. Je m'appellerai *Marie de Sainte-Pauline.* Ce nom vous sera doublement cher à tous, puisqu' il vous rappellera à la fois celui de vos deux filles. »

C'est absolument la même note dans les lettres qu'elle écrit, soit à son ancien directeur, soit à d'autres personnes amies.

« Vous vous demandez sans doute, écrit-elle au premier, ce que je deviens au noviciat de Marie-Réparatrice, si mes débuts dans la vie religieuse ne sont pas trop épineux, si j'ai enfin acquis la certitude que c'est bien ici que m'appelle la volonté de Dieu. Je ne vous répondrai à tout cela que par un mot : *Je suis heureuse.* Comme vous l'aviez deviné, le bonheur et la paix inondent mon âme. Notre-Seigneur me récompense déjà des sacrifices, bien petits cependant, que j'ai faits pour venir à lui... Je crois que s'il me fallait quitter le noviciat, j'éprouverais un plus grand chagrin que celui que j'ai eu en me séparant de ma famille.

« Nous sommes en ce momeut six postulantes et quatorze novices, qui sont toutes, on le voit et on le sent, remplies d'amour pour Notre-Seigneur et de zèle pour sa gloire. Pour moi, lorsque je jette les yeux sur ma pauvre âme et que j'y vois les sentiments qui l'animent, je me trouve si pauvre, si misérable, que j'ai vraiment honte de moi-même. Mais, mon père, ne m'avez-vous pas dit qu'il faut être patient avec ses défauts? Je vais m'efforcer de le devenir.

« Mes débuts dans la vie religieuse n'ont pas été pénibles comme je m'y attendais. Il y a bien quelques petits sacrifices, quelques petits renoncements à faire, mais notre révérende mère Supérieure est si bonne, qu'elle nous adoucit tout cela : d'un autre côté, Notre-Seigneur nous donne sa grâce. Que de choses je fais ici très volontiers et que je n'aurais jamais voulu faire chez nous...

« Tout, dans notre vie, est si bien réglé, qu'il est impossible de se trouver une seule minute inoccupée. Il est même presque impossible de trouver le temps de penser à sa famille. Au pied du tabernacle, tout près de Notre-Seigneur, je porte leur souvenir. N'est-ce pas là le meilleur endroit pour penser à ceux que l'on aime ?... Je ne vous oublie pas vous-même, près de celui que vous m'avez aidée à trouver, et près duquel il fait si bon de vivre. Oh ! la vie religieuse, c'est le ciel sur la terre, la vie d'une religieuse de Marie-Réparatrice surtout ! Nos heures d'adoration près de Jésus ne sont-elles pas déjà comme le commencement de notre vie toute d'adoration et d'amour pendant l'éternité... ? »

Une seule chose venait de temps en temps assombrir la joie douce et pure que Marie goûtait dans le cloître, c'était la pensée du chagrin que laissait toujours son absence au cœur de ses parents. « Je reçois à l'instant, écrit-elle à sa mère, ta bonne et longue lettre : elle était bien attendue, bien désirée ! Mais, tout en me causant un grand plaisir, puisqu'elle m'apporte de vos chères nouvelles, elle m'attriste cependant, en me redisant de nouveau combien vous êtes toujours affligés de mon départ. Ne vous laissez donc pas aller, je vous en prie, à un tel chagrin.

J'espère bien que le temps finira par adoucir votre douleur ; et Notre-Seigneur, que je prie tout particulièrement à cette intention, vous consolera lui-même... »

« Je continue toujours, dit-elle ailleurs, d'aller très bien et je suis très heureuse ; mais je le serais davantage encore, si vous me disiez que vous vous consolez de mon départ et que vous êtes même dans la joie d'avoir donné votre fille au bon Dieu... »

La note gaie ne manquait pas, à l'occasion, dans les lettres de la jeune postulante ; et il ne se passait point de fête au couvent qu'elle n'en fît part à sa famille dans les termes les plus enjoués. « Voilà huit jours que nous sommes en liesse, écrivait-elle à la fin d'octobre, notre Mère générale est ici depuis lundi dernier ; elle devait passer au milieu de nous les fêtes de la Toussaint, mais on la réclame tout de suite à Rome, et elle nous quitte demain matin. Nous la verrons s'éloigner avec une véritable tristesse ; elle est si bonne, si bonne ! Nous lui avons joué mardi soir la petite pièce composée par les novices en l'honneur de la saint Maurice, fète de notre Mère. Ici nous avons des compositeurs en tout genre, des artistes peintres, des poètes, etc., etc. La soirée s'est passée le plus gaîment possible. Pendant toute la journée, on avait rivalisé de zèle pour orner le réfectoire, converti en salle de récréation ; on avait eu *Deo gratias* au repas de midi, récréation générale, véritable journée de repos et de dilatation.

« Notre chère chapelle est aussi en fète ; on met au bon Dieu tout ce qu'on a de plus beau, en fleurs, vases, etc. Les plus hauts dignitaires dans le clergé sont invités à officier... Nos chanteuses mettent leur plus belle voix à contribution. Tout le monde y met du sien. Je suis heureuse de toute cette musique, de tous ces chants, qui, ce me semble, vous portent davantage à adorer, à aimer Notre-Seigneur.

« Puissé-je, comme me le souhaite mon cher papa, croître à chaque minute en amour pour notre divin Maître! »

Quoique tout entière à Dieu et aux exercices de la vie religieuse, Marie ne cessait de s'intéresser à tout ce qui touchait sa famille. Loin de l'en blâmer, nous aimons à faire ressortir ce trait et à le mettre en pleine lumière ; ne serait-ce que pour donner tort à ces esprits mal faits, qui présentent trop volontiers la religion sous les couleurs sombres et tristes du Jansénisme.

Avant son départ pour le couvent, alors qu'il était question de céder la pharmacie paternelle, et de quitter par là même la maison où s'étaient écoulées les plus heureuses années de sa vie, Marie avait exprimé dans des termes émus la peine qu'elle ressentait, à la seule pensée de cette séparation. « J'éprouve un véritable serrement de cœur quand je pense qu'il faudra peut-être bientôt quitter notre petite maison. On ne peut croire combien j'y suis attachée ! N'a-t-elle pas été le témoin de toutes nos joies et de toutes nos peines ? Elle semblait être, à Pauline et à moi, notre maison natale. Elle a vu notre bonheur à toutes deux, au jour à jamais béni de notre première communion. Elle a vu souffrir notre Pauline chérie ; elle l'a vue rendre le dernier soupir. Elle a vu toutes nos douleurs !... Oh ! oui, chère petite maison, je t'aime à bien des titres !... »

Lorsqu'elle apprend, au couvent, que cette séparation est un fait accompli, elle écrit : « Je reçois à l'instant la longue et chère lettre de mon père, toute pleine de bonnes choses, m'apportant de vos nouvelles et m'apprenant que vous passez enfin l'hiver à Prémontré, dans ce petit vallon, bien solitaire, il est vrai, mais qui n'est cependant pas sans charmes. Je suis bien heureuse d'apprendre votre décision. Si vous vivez avec ma pauvre sœur et avec moi par le souvenir, de mon côté je pourrai par la pensée vivre plus intimement avec vous, vous suivre dans tous les coins et recoins de cette chère maison. Ma chère maman doit éprouver bien des regrets de s'éloigner ainsi de notre chère petite Pauline ; mais la distance qui vous en sépare n'est pas bien grande et vous pourrez facilement retourner prier sur sa chère petite tombe. »

« Pauvre cher Saint-Gobain, dit-elle dans une autre lettre sur le même objet, qui aurait cru que nous l'aurions jamais abandonné !... Vous l'avez abandonné de corps, il est vrai, mais votre cœur et votre pensée y seront encore bien souvent, j'en suis sûre ; trop de souvenirs les y appellent.

« Et mes chers bons vieux parents, dit-elle ailleurs, que deviennent-ils ? Ma chère grand'-mère n'a-t-elle pas déjà gagné quelque gros rhume qui l'oblige à garder le coin du feu ? Qu'elle se soigne bien tout l'hiver, afin de venir revoir en bonne santé sa petite-fille au printemps. Et mon cher grand-père, attise-t-il toujours son feu avec la même ardeur ? A-t-on recommencé les grandes chasses ? S'y est-il déjà distingué ? Je lui souhaite beaucoup de chance... »

Ce souhait, si nous en jugeons par plusieurs passages du *Journal* de Marie, n'était peut-être pas bien sincère. Chaque fois en effet qu'il y avait grande chasse dans les bois de Prémontré, son cœur se serrait à la pensée des pauvres bêtes, des cerfs surtout, qui allaient en être les victimes. « Ce soir, écrivait-elle un jour de décembre, clair de lune magnifique, on y voit presque comme en plein jour ; et je regarde de temps en temps si je ne verrai pas apparaître, à travers les grands arbres, quelque tête de cerf. Pauvres bêtes, pour plusieurs, bien sûr, c'est leur dernière nuit, car on chasse demain. Je voudrais toujours que les chasseurs revinssent comme ils sont partis... Ah ! si mon grand-père m'entendait !... »

XI

LE SACRIFICE

« *Christo confixus sum Cruci.* »

« Je suis attaché à la Croix avec
« Jésus-Christ. »

(Gal., II. 19).

Toutes les lettres de Marie avaient accusé jusque vers la fin de novembre une santé florissante, et le jour si ardemment désiré de sa prise d'habit avait été, sur sa demande, fixé au 8 décembre, en la fête de l'Immaculée-Conception. Mais Dieu en avait disposé autrement et devait se contenter, comme il le fait souvent, de la *préparation d'un cœur* si heureux de le choisir pour son unique partage. L'intention, à ses yeux, n'est-elle pas réputée pour le fait, et notre jeune postulante n'aura-t-elle pas devant lui deux mérites au lieu d'un ! Le mérite d'avoir, pour son amour, quitté le monde et ce qu'elle avait de plus cher sur la terre, et le mérite de n'avoir pas eu la satisfaction d'embrasser effectivement une vie objet de tous ses vœux !

Ou plutôt Dieu avait entendu et voulait précisément exaucer une prière que sa grâce avait jadis inspirée à sa jeune âme : « Je voudrais, avait-elle écrit, je voudrais mourir jeune, toute jeune, et mourir de la poitrine ; mais je voudrais m'être auparavant consacrée à Dieu. O bon saint Joseph, il faut que vous m'accordiez cette grâce en sus des autres !... Mais, ô mon Dieu, que votre volonté soit faite ; je veux être dans vos mains comme la terre dans les mains du potier. Façonnez-moi à votre goût. Faites que je vous sois agréable ici-bas. Vous aimer, chercher à vous plaire en tout ! voilà ma seule ambition ! »

Elle avait écrit encore : « O beau ciel, quand donc te verrai-je ? quand donc seras-tu en ma possession ? O mon Jésus, quand donc vous verrai-je en face ? Quand donc vous aimerai-je avec tout l'amour dont mon cœur est capable ? O jour mille fois béni, que celui où mon âme purifiée sera portée par les mains de Marie près du trône de Jésus. »

Toutes les demandes renfermées dans cette double prière seront exaucées à la lettre. Marie mourra jeune, toute jeune ; elle ne verra pas s'achever son vingt et unième printemps ! Comme sa chère Pauline, elle mourra d'une maladie de poitrine, qu'on a nommée avec raison la maladie des prédestinés ! Elle mourra après s'être consacrée à Dieu, de cœur du moins (et pour le céleste époux, c'est tout) dans une des plus saintes communautés de son Église ! Son âme sera purifiée par la souffrance, durant une maladie de plus de cinq mois ; elle fera son purgatoire sur la terre, et rien sans doute, au moment de la mort, ne retardera son entrée dans ce beau ciel, après lequel elle a si ardemment soupiré, rien n'empêchera son union éternelle avec Jésus !

Donc, vers la fin de novembre, une lettre de la révérende Mère supérieure du couvent de

Tournai apprenait soudainement aux parents de Marie que, contre toute attente, une indisposition assez sérieuse venait de se déclarer. Rien cependant ne semblait nécessiter immédiatement leur présence auprès de leur fille : on croyait à une simple congestion pulmonaire occasionnée par les premiers froids, et le médecin espérait être bientôt maître du mal. Mais quelques jours s'étaient à peine écoulés, que le docteur, après un nouvel examen, déclara qu'il était urgent d'avertir la famille et de reconduire la jeune malade au pays natal. Tous les symptômes de la phthisie se présentaient avec les caractères les plus alarmants, et on pouvait même craindre que le mal ne suivît une marche assez rapide. A la nouvelle qu'on allait venir la chercher, Marie n'éprouva qu'un chagrin, celui de n'avoir pas joui de la santé durant quinze jours encore, pour pouvoir prononcer ses vœux et revêtir la robe blanche des épouses du Dieu de l'Eucharistie !

Toutefois, selon son habitude et selon sa promesse si souvent réitérée, elle accepta sans murmure les dispositions de la Providence, et se soumit généreusement à la divine volonté, en prononçant le *fiat* de la résignation. Bientôt sa mère fut auprès d'elle et lui prodigua ses soins, comme une mère seule peut faire, jusqu'à ce qu'elle fût en état de supporter les fatigues du voyage ; puis on prit le chemin de fer et on arriva d'une seule traite à Prémontré.

Marie avait conquis, au couvent de Tournai, trop d'affection et de sympathies, pour que son départ n'y fût pas amèrement regretté et que son absence n'y laissât pas un grand vide. Les religieuses du couvent de Notre-Dame de Liesse, qui avaient elles-mêmes gardé de son court passage au milieu d'elles le plus cher souvenir, ne ressentirent pas moins vivement le contre-coup de sa cruelle épreuve. Aussi, la jeune malade ne tarda pas à recevoir, dans la douloureuse solitude où sa vie allait s'éteindre, les témoignages les plus touchants de l'amitié qu'on lui gardait dans ces deux maisons. Ces lettres révèlent trop bien toutes les tendresses que revêt la charité chrétienne en passant par le cœur des épouses de Jésus-

Christ, elles ont d'ailleurs trop admirablement consolé sa jeune fiancée dans ses dernières douleurs, pour que nous omettions d'en citer au moins quelques extraits.

Nous avons vu que Marie avait fixé pour la célébration de ses noces spirituelles, la date du 8 décembre, si chère au cœur de l'enfant de Marie. A l'approche de ce jour, elle se rappelait au souvenir de ses sœurs de Tournai et leur faisait part de ses regrets. La Mère supérieure lui répondait, à la date du 10 : « Profondément touchée de votre si filial souvenir pour le 8 décembre, j'ai vivement regretté de n'avoir pu trouver un instant pour vous dire plutôt un grand merci. Votre nom, en ce beau jour, était dans tous les cœurs et sur toutes les lèvres. Le bonheur de vos petites Sœurs eût été plus complet si vous aviez pu le partager. Du moins, de bien ardentes prières ont été adressées à la Vierge immaculée pour votre prompte guérison, chère enfant, afin qu'il vous soit possible de reprendre la place qui vous est bien gardée ici. Notre Mère m'a écrit qu'elle espérait revoir l'an prochain *Marie de Sainte-*

Pauline, et m'a chargée de vous transmettre, en attendant, les meilleurs souhaits de son cœur maternel...

« Quoi qu'il en soit, chère enfant, toujours joie et résignation dans l'épreuve. Soyez bien souple dans la main du bon Maître. Ce noviciat de souffrance vous prépare à votre vocation. Montrez-vous déjà bien Réparatrice, par l'acceptation de tous les sacrifices inhérents à votre état de faiblesse... Croyez bien que vous êtes de toutes mes prières : je ne vais jamais auprès de Notre-Seigneur, sans prendre toutes vos intentions ; et chaque soir, au salut, j'envoie mon bon ange vous porter la bénédiction demandée pour vous ».

Le lendemain, Marie recevait de Tournai une nouvelle lettre qui dut, comme on dit vulgairement, lui faire bien gros cœur. Elle était signée d'une de ses compagnes du Postulat, qui venait de prendre le saint habit le 8 décembre. Elle lui apprenait que la cérémonie avait été des plus édifiantes ; qu'on avait, ainsi qu'elle le désirait, orné la chapelle de ses plus belles fleurs, pour fêter en même temps, et la Mère du ciel et la bonne Mère supérieure, dont l'Immaculée-Conception était la fête patronale. « Et nous, ajoutait la nouvelle religieuse, nous sommes heureuses d'être à Jésus par une première bénédiction publique; et tout en regrettant la chère petite Sœur, que le divin Maître a voulu faire attendre encore, nous avons si bien prié pour elle et nous prierons tant, que son bonheur ne sera pas trop différé. Ainsi courage; nous faisons des vœux pour que la belle saison nous ramène notre chère Marie et compense notre sacrifice réciproque. — Au revoir, ma chère Marie, je vais à l'adoration et je ne vous oublierai pas devant le Saint-Sacrement. »

Le couvent de Notre-Dame de Liesse ne s'intéressait pas moins vivement à la chère malade, et ne se montrait ni moins empressé à prendre de ses nouvelles, ni moins affectueux dans ses lettres de condoléance. La mère Marie de X..., qui avait dirigé Marie pendant sa retraite d'élection, se faisait, auprès de la malade et de sa famille, l'interprète des sentiments de toutes les Sœurs. « J'étais, en effet, bien anxieuse sur votre compte, disait-elle, et j'ai été bien touchée de la bonté de monsieur votre père, qui a bien voulu me donner lui-même ces chères nouvelles que je désirais tant. — Certainement, j'aurais voulu de meilleures notes sur votre santé, mais j'espère que les prochaines m'annonceront un progrès... Oui, vous reprendrez ces belles couleurs que je vous ai vues à Liesse et ce petit embonpoint dont vous vous glorifiiez... Prenez courageusement et même gaîment cette épreuve, que Notre-Seigneur vous envoie ; en chassant la tristesse et le découragement, vous vous remettrez bien plus vite. « Tout contribue au bien de ceux qui aiment Dieu », nous dit l'Apôtre, vous le savez. Courage donc et confiance. » Elle lui annonce, en terminant, qu'une neuvaine, à laquelle s'uniront toutes les Sœurs, va être faite pour sa guérison dans le sanctuaire privilégié de Marie.

Mais toutes ces prières restaient sans succès, et l'impitoyable maladie suivait son cours. Aussi la patiente avait-elle surtout besoin de consolation et d'encouragement ; les charitables Sœurs ne manquaient pas de lui en donner : « Surtout, chère petite Marie, lui écrivait encore la Mère supérieure de Tournai, protégée par la sainte Vierge, n'allez perdre ni courage, ni patience. La maladie est une croix très sanctifiante, une marque de l'amour du bon Maître, formant mieux les âmes que toutes les exhortations et toutes les conférences spirituelles. Recueillez bien toutes les grâces contenues dans votre calice, ma très chère enfant, et lorsque la souffrance semble vous mettre à bout, vite un regard sur le divin Crucifié; la paix et la résignation reviendront aussitôt.

« Je vous emmène toujours avec moi à l'adoration, vous êtes de toutes mes prières et de toutes mes communions ; et vos petites Sœurs elles-mêmes n'ont garde de vous oublier. Toutes comptent que vous méritez beaucoup dans le noviciat que le bon Dieu vous fait faire, et elles vous demandent instamment d'offrir vos épreuves pour qu'elles deviennent de ferventes Réparatrices. Vous supposez sans peine ce qu'elles sollicitent en retour pour la future Marie de Sainte-Pauline...

« Que je voudrais pouvoir partager avec votre excellente mère les soins à vous donner !... Et croyez bien, ma si chère enfant, au tendre dévouement que je vous porte en Notre-Seigneur. »

La bonne Supérieure, qui avait pu apprécier la générosité de la jeune postulante, ne craignait pas de la placer en regard du sacrifice et de lui livrer des pensées sérieuses et fortes comme celles-ci : « Voici venir le printemps ; j'espère beaucoup de lui pour vous rendre des forces. Mais si le bon Dieu voulait les faire encore attendre, n'est-ce pas que vous chanteriez bien quand même un bon *Alleluia* sur votre croix?... Que ne puis-je, comme un petit oiseau, me transporter près de vous, et juger des progrès spirituels que vous avez faits, à la grande et salutaire école de la souffrance. Chère enfant, sous quelque forme qu'elle se présente, la Croix de Jésus-Christ est le plus précieux de tous les dons. Qui, plus que vous, peut avoir l'assurance d'être dans la volonté divine l'instrument choisi pour la *Réparation*, par l'entière abnégation des plus chers désirs. Oui, soyez pleinement livrée à Jésus et à Marie. »

Et un peu plus tard :

« Ma chère petite Marie,

« La paix de Jésus !

« Que cette douce paix ne vous abandonne jamais, quel que soit le calice que la main de Jésus vous présente. Je vous sais toujours aussi faible ; mais *Alleluia* quand même, n'est-ce pas, chère enfant ? Souffrir pour consoler le cœur de Jésus et lui gagner des âmes, quoi de plus digne d'un cœur voué par désir à la Réparation ! Chère petite Réparatrice, j'ai confiance que vous êtes plus agréable à Notre-Seigneur sur votre lit de douleur, bien soumise à la volonté divine, que si vous accomplissiez des actes plus conformes à vos goûts. Vivez en Jésus, de Jésus et pour Jésus ; qu'il soit le tout de votre âme, qui n'aspire qu'à se jeter dans son cœur pour l'aimer comme il veut l'être. »

Personne plus que Marie n'était capable de comprendre ce langage, et telles étaient, sans aucun doute, les dispositions de son cœur. Cependant, plus elle approchait du terme de sa vie, plus elle paraissait se rattacher au désir et à l'espoir de vivre (sentiment constant des malades atteints de l'affection dont elle souffrait) ; mais elle était au fond parfaitement résignée à ne pas guérir, si c'était le meilleur pour elle et pour la plus grande gloire de Dieu. Elle n'était pas moins résolue, si Dieu lui rendait la santé, de regagner son cher couvent de Tournai, et ne cessait de le répéter autour d'elle, de peur qu'on ne s'habituât à regarder son retour comme définitif.

La pensée de sa famille entrait pour beaucoup dans la crainte qu'elle avait de mourir. A une jeune fille qui la visitait souvent, elle disait, quelques jours avant sa mort : « Vous avez de la « peine à vous lever matin, pourtant je vous de« mande, et vous ne me le refuserez pas, d'aller « à la messe quelquefois, pendant le mois de « Marie, pour que la sainte Vierge me guérisse... « Si vous ne le faites pas pour moi, faites-le « pour mes parents, qui seraient si tristes, si mal« heureux, s'ils me perdaient. »

On devine sans peine à quelle source Marie puisait la force et le courage si nécessaires, disions-nous au début de cette notice, aux malades minés lentement par la phthisie, et qui sentent pour ainsi dire la vie leur échapper goutte à goutte. Elle communiait fréquemment ; et la crainte seule d'imposer au charitable curé de la paroisse, malgré ses offres réitérées, un surcroît de fatigue, l'empêchait de communier plus fréquemment encore.

Plusieurs semaines avant de mourir, elle demanda elle-même et reçut, avec toute sa présence d'esprit et une grande piété, le sacrement des malades. « Elle craignait tant d'être surprise, nous écrivait-on en nous annonçant cette nouvelle, et d'être ainsi privée des grâces particulières attachées à l'Extrême-Onction ! » Bien différente en cela d'un trop grand nombre de chrétiens de nos jours, qui la redoutent comme un arrêt de mort irrévocable, elle connaissait le sens des prières si pleines de consolations et d'encouragements composées par l'Eglise pour l'administration de ce sacrement ; elle savait que la paix du cœur, la sérénité en face de la mort, la confiance en la miséricorde de Dieu et la résignation à sa sainte volonté, en sont les fruits bénis, et elle eut le bonheur d'en faire la douce expérience. Quelque peu inquiète et soucieuse avant de l'avoir reçu, elle vécut ensuite dans une grande paix et une parfaite tranquillité d'âme, jusqu'à son dernier soupir! La pensée de l'enfer, qui lui avait précédemment inspiré des frayeurs, dont elle avait fait part à son directeur, ne parut plus la troubler, et elle dormit, selon la pensée gracieuse de saint François de Sales, ses derniers sommeils sur l'oreiller de la confiance.

XII

LA RÉCOMPENSE

« *Veni, coronaberis.* »
« Viens recevoir la couronne. »
(Cant., IV, 8.)

La récompense, pour le chrétien fidèle, c'est la mort, *la mort dans le Seigneur*, comme le dit l'Ecriture ; mort infiniment enviable, qui est non seulement le terme de tous les maux de la vie présente, mais le commencement d'une vie bienheureuse qui ne doit plus finir. « Rien, dit « encore l'Ecriture, de plus précieux aux yeux « de Dieu même, que la mort des Saints », dont la seule vue, le seul récit arrache à l'âme croyante cette prière, qui est en même temps un cri d'admiration : « Puissé-je, moi aussi, mourir « de la mort des justes ! Puissent mes derniers « moments ressembler aux leurs ! »

On se plaît à raconter jusque dans les moindres détails l'histoire de leurs derniers jours, à recueillir les moindres paroles sorties de leurs lèvres, prêtes à se fermer pour ne plus se rouvrir, et ce récit forme d'ordinaire la page la plus intéressante et la plus instructive de leur vie. Assez souvent alors, l'âme, éclairée des lumières de l'éternité, qui se dévoilent aux regards des mourants lorsque toutes les autres lumières vont s'éteindre, révèle mieux que jamais les pensées et les sentiments cachés dans ses mystérieuses profondeurs ; la vivacité de sa foi, l'ardeur de sa charité, sa tendresse pour les personnes qui lui étaient unies par les liens du sang ou ceux de l'amitié.

Parfois cependant, il arrive que des âmes, même très saintes, quittent la terre, silencieuses et muettes, ne s'entretenant qu'avec Dieu de leurs secrets, de leurs craintes et de leurs espérances. Lisez les belles conférences du P. Faber sur *la Mort et ses divers Aspects*, vous en aurez en même temps la preuve et la raison. Telle a été à peu près la mort de Marie; et en cela la jeune postulante fut fidèle à toute sa vie. « Les aspects de la vie, dit le célèbre auteur anglais, se reflètent dans ceux de la mort. La première imprime son cachet à l'autre; et réciproquement celle-ci est comme l'interprète de la vie. »

Quoique franche, trop franche même parfois, Marie manquait, même dans ses relations avec les personnes qu'elle aimait le plus, d'un certain abandon et d'une certaine simplicité. Dans ses conversations elle ne touchait pas facilement les choses religieuses; soit qu'elle craignît de profaner en quelque sorte le surnaturel et le divin en le mêlant à des sujets terrestres, soit plutôt qu'elle ne voulût parler qu'avec Dieu seul des grâces dont il inondait son cœur.

« Elle nous a quittés, nous écrit-on, presque muette sur ce qui avait été la préoccupation de sa vie tout entière, n'exprimant aucun des sentiments si brûlants de son *Journal*, sans même dire au revoir à ses parents, sans jeter un cri à

Dieu, mais doucement, avec calme. Dieu lui-même, sans doute, le permit ainsi pour la tenir dans l'humilité, vertu qui est après tout la meilleure préparation à la gloire des saints. Au lieu de révéler, sur son lit de mort, le beau côté de son âme, il semble qu'elle ait été condamnée à cacher, dans ses derniers moments, tout ce qu'elle avait d'énergie, de dévouement à Dieu et de générosité ! Et nous sommes fondés à croire qu'elle a accepté volontiers de mourir ainsi. »

Le 1er avril, saint jour de Pâques, Marie recevait, de la bonne Mère de Tournai, une nouvelle lettre qui débutait par un *Alleluia* deux fois répété, et continuait ainsi : « C'est encore sur la croix choisie par la main du bon Maître, que vous recevrez mon petit mot ; mais je suis sûre que vous chantez quand même de tout cœur votre *Alleluia*... Si nous nous sommes unies aux prières faites pour vous à saint Joseph pendant le mois de mars, chère enfant, vous n'en avez pas douté, n'est-ce pas?... Je serais bien heureuse sans doute si j'apprenais qu'il y a une amélioration sérieuse dans votre état de santé... Mais, chère petite enfant, que notre adhésion toute d'amour à la sainte volonté de Dieu touche son cœur et vous obtienne de lui les plus grandes grâces... »

Ces lettres, avec leurs réticences qui semblaient donner si peu d'espoir de guérison, préparaient discrètement la jeune malade à faire son dernier sacrifice. Elle y était aidée plus efficacement encore par les visites quotidiennes et les douces exhortations de son bon curé. Et pourquoi ne dirions-nous pas que son digne père, trouvant dans sa foi le courage de surmonter sa douleur, venait bien souvent s'asseoir à son chevet, non pour y verser des larmes stériles, ou répéter ces phrases banales, si usitées en pareil cas dans le monde, mais pour réconforter, par des paroles profondément chrétiennes et de pieuses lectures, l'âme de sa fille agonisante. Quel spectacle salutaire aussi et fortifiant pour Marie, que l'exemple de sa pauvre mère, dont la résignation absolue à la divine volonté ne laissa jamais échapper un murmure !

Deux fois heureux, disions-nous à la première

page de cette notice, les enfants qui, dès l'éveil de leur raison, apprennent, des lèvres de leur père en même temps que de celles de leur mère, à connaître et à aimer Dieu, l'Eglise, la vertu ! Plus heureux encore, ajouterons-nous en terminant notre récit, ceux à qui Dieu fait la grâce de mourir entre les bras de parents si vertueux ! Est-il, sauf la situation respective des personnes en scène, une mort plus semblable à celle de saint Joseph, expirant entre les bras de Jésus et de Marie ?

A tous ces secours dont Dieu favorisa la jeune postulante dans sa dernière maladie, vinrent s'ajouter encore les visites pleines d'édification et d'encouragements des sœurs religieuses de l'hospice de Prémontré. « Elles aimaient Marie, « nous écrit-on, comme l'une d'entre elles, et « l'aidèrent, comme si elle eût été des leurs, à « mourir de la mort des saints. Elles ne l'aban- « donnèrent même pas lorsqu'elle eut rendu son « âme à Dieu, et vinrent lui dire, sur sa couche « funèbre, un dernier adieu, en récitant les prières « indulgenciées du chapelet. »

Marie eut aussi la consolation de revoir à ses derniers moments ses anciennes maîtresses de Saint-Gobain, celle surtout qui l'avait particulièrement dirigée et instruite, et dont nous avons recueilli sur ses premières années le précieux témoignage. C'est elle qui, la voyant alors pâle décharnée, souffrant beaucoup, lui disait : « Si « je pouvais souffrir un peu à votre place ! » Oh ! « non, répondait Marie, j'aime mieux souffrir « que vous. » — Et celle dont nous tenons ce détail ajoute : « C'était une bien belle âme ! De« puis vingt ans que je fais la classe, je n'ai ren« contré que deux enfants avec ces sentiments « élevés, ce cœur délicat et généreux, qui, après « avoir donné tout ce qu'il a, se donne lui-même, « et ne croit en cela rien faire que de très ordi« naire. »

« Je la verrai toujours lors de ma dernière visite, écrit de son côté une de ses meilleures amies d'enfance. Comme je voulais la consoler et lui faire espérer au beau temps, elle ne me répondit rien, mais se contenta de lever les yeux au ciel d'un air admirablement résigné. Je me dis alors tout bas : Elle sent que Jésus la veut au ciel, auprès de sa chère Pauline! »

« Vous ne pouvez plus prier, pauvre Marie, lui « disait une autre personne amie; vous n'en avez « plus la force. » La malade tournant les yeux vers un beau crucifix appendu à la muraille, que sa mère, deux ans auparavant, lui avait donné pour sa fête : « Heureusement, répondit-elle avec « un aimable sourire, je puis encore regarder, » comme pour dire : J'ai encore au moins la force de regarder ce divin modèle de patience et de résignation.

Laissons maintenant, avant de clore notre récit, la parole à la mère de Marie. N'est-ce pas à elle, plus qu'à tout autre, qu'il appartient de dire le dernier mot sur la mort de sa fille.

« Je n'ai toujours, écrit-elle, que très peu de choses à dire concernant les derniers moments de ma bien chère fille. J'ai pensé et je crois encore que la seule pensée de nous faire de la peine en nous parlant de sa mort prochaine l'a retenue. Elle ne s'illusionnait pas sur son état, mais elle nous le cachait le plus possible, pensant que nous ne la croyions pas aussi malade. A une religieuse qui était venue la voir en janvier, elle disait : « Je suis bien malade, tout à fait comme « Pauline; mais je ne le dis pas à maman. » Pauvre enfant! Je faisais en effet tout ce que je pouvais pour lui donner beaucoup d'espoir, ce qui pouvait lui faire croire que, de mon côté, je me faisais illusion.

« Plusieurs fois cependant elle me dit, dans les deux derniers mois de sa vie : « Embrasse-moi « bien, tu ne m'embrasseras plus longtemps!! » Elle me dit aussi, surtout dans les dernières semaines : « Ma petite mère, que je suis triste! » Ce mot si tendre me faisait tant de bien et tant de mal tout à la fois, que je m'empressai de lui en demander la raison. « C'est de voir que tu es si « fatiguée, et que je te donne tant de peine! » — Dans les derniers jours, elle ne rêvait que Lourdes. Il fallait y aller avant le 15 mai : « Tu ver- « ras, me disait-elle, que la sainte Vierge me « guérira, *et je reprendrai bien vite le chemin de « mon couvent, et je servirai encore mieux le bon « Dieu.* »

Cependant le mois d'avril fut très funeste à la jeune malade, et la bonne Mère de Tournai, avisée qu'elle se hâtait vers la mort, écrivait le 20 à ses chers parents : « Que triste était le contenu de votre lettre reçue aujourd'hui ! Je suis tout émue, et de la perspective du grand sacrifice, qui semble ne devoir plus tarder longtemps à vous être demandé, et de la résignation si profondément chrétienne avec laquelle vous vous y préparez, malgré tout le brisement de vos cœurs ! Bien souvent, ma pensée se reportant à Prémontré, je vois les chers grands-parents, Mme Danré et vous-même au chevet de la chère petite malade, lui prodiguant des soins si tendrement dévoués ! Chère enfant, oui, nous prions beaucoup pour elle, et nous voudrions la retenir à votre affection ! Les desseins du bon Maître sont impénétrables, mais il sont tout amour... Soyez assurés de toute ma sympathie à vos angoisses, que je ressens bien vivement. J'aime tant notre chère petite Marie, que tout le monde ici voudrait revoir !... »

La pauvre malade en était venue à ressembler

trait pour trait, sur son lit de douleur, au Christ sur la croix. Sa maigreur extrême ne paraissait plus pouvoir faire de progrès ; sur son visage était répandue la pâleur de la mort, et sa respiration haletante, qui faisait tant mal à entendre, semblait, en effet, appeler à chaque instant la mort comme une délivrance. ..

Pendant les quinze derniers jours, elle voulut reposer, non sur son lit habituel, mais à côté, sur une sorte de lit de camp, moins doux et plus étroit, où elle disait se trouver mieux. Pourquoi voulut-elle mourir ainsi ? N'était-elle pas en cela guidée par un double motif ? Celui de ne pas imposer, à quelque personne de sa famille, l'obligation de coucher plus tard sur le lit même et à la place où elle aurait rendu le dernier soupir ; mais aussi et plus peut-être, celui de mourir sur un lit qui ressemblât mieux au lit d'une religieuse. Ou bien encore voulut-elle imiter à certains égards et de loin (une âme aussi généreuse en était capable) la piété de certains personnages qui, pour mourir, se firent reposer sur la cendre ?

Enfin, le 3 mai, jour de l'Invention de la sainte Croix, vers le soir, le divin Époux se penchant sur sa couche, lui fit entendre cette parole : « *Veni, coronaberis ;* viens, jeune épouse, viens « dans mon beau ciel ; il est temps d'échanger « ta couronne d'épines contre une couronne de « gloire. viens recevoir la couronne immortel-« le ! »

Deux heures avant qu'elle rendit le dernier soupir, M. le curé lui rappelait que le lendemain était le premier vendredi du mois, spécialement consacré au Sacré-Cœur ; elle eut encore la force de lui dire, d'une voix presque éteinte : « Alors « vous voudrez bien, demain matin, m'apporter « la sainte Communion ! » Il la quitta sur cette parole ; mais peu après Marie entra dans son agonie, et ne put recevoir qu'une dernière absolution. Son âme quitta la terre pour aller, nous en avons la douce confiance, s'unir à celui qu'elle avait tant de fois appelé son Bien-Aimé et son unique époux.

« Chers et affligés parents d'une fille bien-aimée, fleur d'innocence que Jésus avait hâte de cueillir pour le ciel, écrivait, dès le lendemain de sa mort, la Supérieure de Tournai ; notre douleur est bien unie à la vôtre, et la triste dépèche fait verser ici bien des larmes ! Cette enfant m'était chère ; je la pleure comme vous et avec vous ; mais, *Sursum corda.* Pour elle maintenant c'est l'éternel bonheur, celui auquel nous aspirons tous ; et du haut du ciel elle sera votre ange consolateur, à vous, parents si pleins de foi et de courage, qui, du fond de vos cœurs brisés par la douleur, donnez à Dieu sans murmurer l'unique enfant qui vous reste ! Merci de m'avoir prévenue sans retard. Déjà la communauté prie pour la chère enfant qui, dans son court passage parmi nous, a été si édifiante et s'est fait beaucoup aimer. S'il lui restait quelque imperfection à expier, nous lui prouverons notre sincère attachement par nos pressantes supplications auprès du cœur de Jésus, auprès de la très sainte Vierge, douce patronne de votre fille chérie. Oh ! c'est bien Elle qui l'aura présentée à Notre-Seigneur. Je ne puis croire à la réalité du sacrifice qui nous est demandé ; j'avais toujours conservé l'illusion d'une guérison possible... Disons un *fiat* méritoire, chers et affligés parents. Veuillez croire qu'en priant pour votre chère enfant, nous le faisons aussi beaucoup pour que Jésus vous soutienne et vous console. »

Le courrier suivant apportait à la famille affligée, l'expression non moins touchante des regrets et des sympathies du couvent de Notre-Dame de Liesse. Cette lettre, avec celle qu'on vient de lire, nous a paru le plus bel éloge funèbre de la jeune fille qui a fait le sujet de cette notice. C'est à ce titre que nous la publions ici en entier.

« On vient de nous communiquer votre triste dépêche, écrivait la mère Marie de X..., et la révérende Mère me charge de vous exprimer au plus tôt, en son nom et au nom de toute la communauté, la vive part que nous prenons à votre profonde douleur.

« Cette douleur ne peut-elle pas s'unir à la vôtre, puisque déjà nous aimions votre bien chère fille comme notre Sœur, et qu'elle avait choisi la Société de Marie-Réparatrice comme sa seconde famille? Notre-Seigneur l'aimait aussi d'un amour de préférence, puisqu'il vous l'a demandée deux fois, et que, malgré les luttes de votre si légitime tendresse, il s'est plu à lui donner son beau ciel, même avant de la faire passer par les combats de la terre.

« Nous n'oublierons jamais la première oblation de votre chère Marie, dans notre petite et modeste chapelle, alors que son digne père l'offrait lui-même au Seigneur, de concert avec son ministre, ami de la famille, qui célébrait le saint sacrifice.

« Ce trésor de votre cœur jouit déjà sans doute de la récompense, due à la générosité avec laquelle elle s'est donnée si pleinement à Dieu ; et si nous offrons pour elle de grand cœur nos prières, c'est pour continuer de la terre au ciel le lien si doux que nous avions formé avec elle, bien plutôt que pour la soulager... Mais nous prierons surtout pour ses dignes parents qui, dans cette vallée de larmes, ont besoin des suprêmes consolations de la Foi..... »

Le 7 mai, après avoir reposé durant quatre

jours, vêtu de blanc et couvert de fleurs, sur un lit de parade, le corps de Marie fut transporté dans la chapelle de l'Hospice de Prémontré, qui sert aussi, comme nous l'avons dit plus haut, d'église paroissiale. Des jeunes filles de Saint-Gobain, ses amies d'enfance, venues en grand nombre, accompagnées de leurs familles, l'entouraient en sanglotant et se disputaient l'honneur de le porter. La levée du corps fut faite par M. le curé de Saint-Gobain, et après le saint sacrifice célébré par le pieux curé qui avait reçu son dernier soupir, après les prières de l'absoute récitées au milieu de l'émotion générale par celui qui avait jadis préparé Marie à sa première communion et l'avait dirigée jusqu'à la fin de sa vie, sa dépouille mortelle fut conduite au cimetière de la paroisse et déposée dans une tombe provisoire.

Par une attention délicate, Marie avait demandé sur son lit de mort de ne pas quitter le pays habité par ses grands-parents, et de dormir auprès d'eux son dernier sommeil. Elle avait en même temps exprimé le désir qu'on ramenât auprès d'elle les restes de sa chère Pauline, inhumée à Saint-Gobain. Ce désir a été exaucé sans retard; et aujourd'hui les deux sœurs qu'unissait pendant la vie une si tendre affection, ne sont pas non plus séparées dans la mort : un même tombeau renferme les corps de ces deux jeunes vierges, en attendant qu'ils refleurissent, au jour de la résurrection glorieuse, comme les lis refleurissent au printemps.

Pour Marie, comme pour sa sœur, on a fait graver une pieuse image, afin de perpétuer son souvenir parmi ceux qui l'ont connue et aimée. On y voit une jeune fille qui, entr'ouvrant la porte de sa demeure, tend les bras, élève les yeux vers le ciel où brille la croix, et semble dire à Dieu : Le Bien-Aimé m'a dit : Viens, et je réponds : Me voici. Au bas de l'image se lisent ces mots : « Qu'à cet objet chéri tout soit sacrifié! et puisse, « au dernier jour de mon pèlerinage, la mort en « me frappant trouver en moi l'image d'un Dieu « crucifié! » — N'est-ce pas toute la vie et la mort dont on vient de lire le récit? — Au verso se lisent ces lignes, extraites des écrits de Marie : « Nous devons craindre Dieu, car sa justice est

« inexorable. Mais nous devons surtout l'aimer et « nous souvenir que le plus grand supplice de « l'enfer, c'est d'être privé de sa vue » (*Journal* « *de Marie*) — « Oh ! si vous saviez, bien chers « parents, la paix, la joie que l'on goûte à servir « ici Notre-Seigneur et à l'aller adorer au Très « Saint Sacrement ! » (*Lettre de Marie à sa famille, datée du noviciat des religieuses de Marie-Réparatrice, à Tournai, Belgique*).

FIN

ÉPILOGUE

AU DIEU DU TABERNACLE

Mon Bien-Aimé, par l'amour le plus tendre,
Sur cet autel a fixé son séjour ;
O charité, que je ne puis comprendre,
Puisse mon cœur s'immoler en retour !

Divin captif, ô douceur ineffable,
Que vous blessez divinement mon cœur !
Rendez, Jésus, ma blessure incurable,
Elle est pour moi la vie et le bonheur.

Oh ! maintenant, les choses de la terre
Ne me sont plus qu'amertume et dégoût ;
Le Bien-Aimé, dans son doux sanctuaire,
Est à jamais mon trésor et mon tout.

14

Le Tabernacle, ah! voilà ma richesse;
L'Eucharistie, ah! voilà mon amour;
Du Bien-Aimé, j'y goûte la tendresse :
Vous seul, mon Dieu, jusqu'à mon dernier jour.

TABLE DES MATIÈRES

Imp. de l'Ouest, A. Nézan, Mayenne.

www.ingramcontent.com/pod-product-compliance
Ingram Content Group UK Ltd.
Pitfield, Milton Keynes, MK11 3LW, UK
UKHW020550180726
13838UKWH00001B/149